Andrea Wilde

Der Bergische Weg

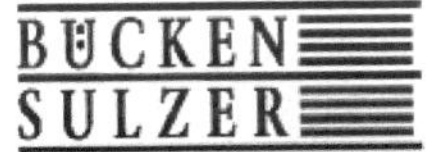

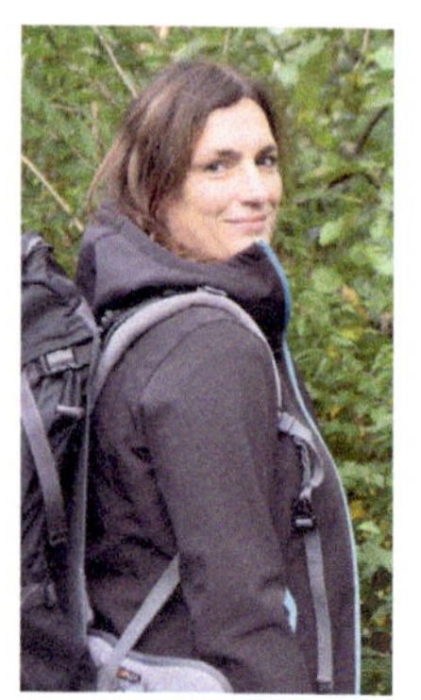

Die Autorin

Andrea Wilde, Jahrgang 1971, lebt in Köln. Sie arbeitet als Sonderschullehrerin und ist freiberuflich als Autorin tätig. Seit vielen Jahren ist sie begeisterte Wanderin. Besonders Fernwanderungen, die sie allein oder mit Freunden mehrmals im Jahr mit Rucksack, Wanderschuhen und Karte bewandert, haben es ihr angetan.

Andrea Wilde ist verheiratet und hat zwei Kinder. Den Bergischen Weg hat sie sowohl „von Unterkunft zu Unterkunft" als auch in Tagesetappen erwandert. Das vorliegende Buch ist ihr erster Wanderführer.

Der Bergische Weg

Übersichtskarte der Etappen

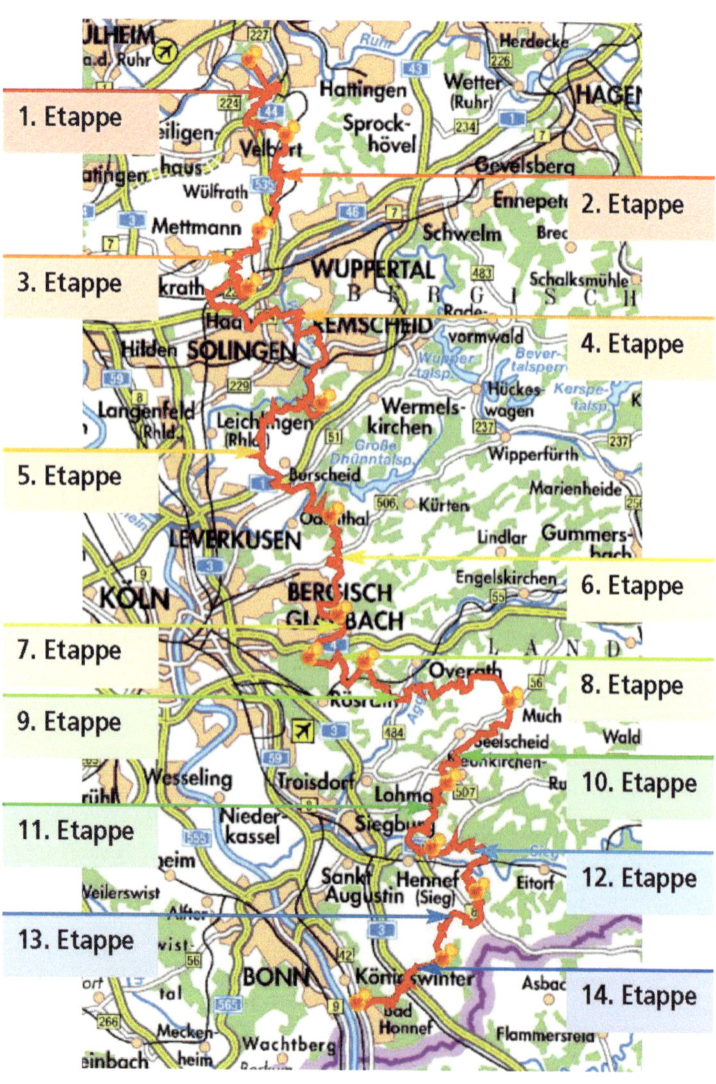
1. Etappe
2. Etappe
3. Etappe
4. Etappe
5. Etappe
6. Etappe
7. Etappe
8. Etappe
9. Etappe
10. Etappe
11. Etappe
12. Etappe
13. Etappe
14. Etappe
Hattingen
Wetter (Ruhr)
Herdecke
Sprockhövel
Velbert
Gevelsberg
Wülfrath
Mettmann
Ennepet
Schwelm
WUPPERTAL
Schalksmühle
BERGISCH
Radevormwald
REMSCHEID
Hilden
SOLINGEN
Langenfeld (Rhld.)
Leichlingen (Rhld.)
Wermelskirchen
Hückeswagen
Wipperfürth
Große Dhünntalsp.
Burscheid
Marienheide
Kürten
LEVERKUSEN
Lindlar
Gummersbach
Engelskirchen
KÖLN
BERGISCH GLADBACH
LAND
Overath
Much
Wesseling
Troisdorf
Lohmar
Niederkassel
Siegburg
Sankt Augustin
Hennef (Sieg)
Eitorf
Weilerswist
BONN
Königswinter
Asbach
Bad Honnef
Wachtberg
Flammersfeld

BEIM WANDERN PUNKTE SAMMELN

Die Wandernadel

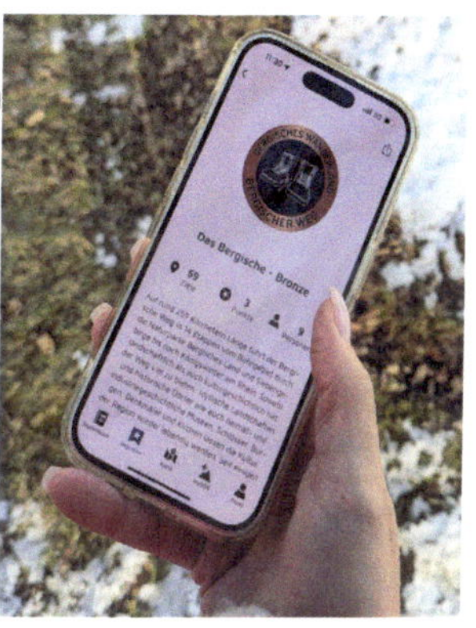

Fehlt Ihnen noch die Motivation den Bergischen Weg zu wandern oder möchten Sie eine schöne Erinnerung haben? Dann ist die Wandernadel genau das Richtige für Sie!

Entlang des 259 km langen Bergischen Weges kommen Sie an festgelegten Kontrollpunkten vorbei: Von Burgen über Etappensteinen, Kirchen, Museen und Talsperren ist alles dabei. Mit der App „Summit-Lynx" erfassen Sie in Ihrem Tourenbuch Fotos der Kontrollpunkte des Bergischen Weges. Wenn eine bestimmte Punktzahl erreicht ist, erhalten Sie Ihre persönliche digitale Wandernadel in Bronze, Silber oder Gold sowie eine digitale Urkunde. Gegen eine Gebühr von 4,90 € (inkl. Versandkosten) können Sie auch eine physische Wandernadel erhalten.

Die Wandernadel können Sie auch gegen eine Schutzgebühr erwerben.

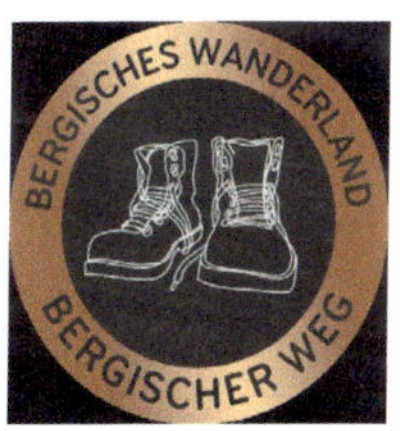

3 Etappen

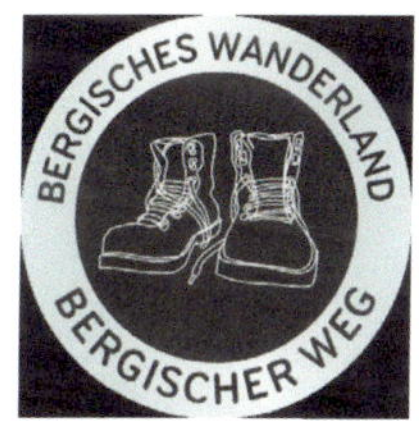

8 Etappen
Nadel Silber

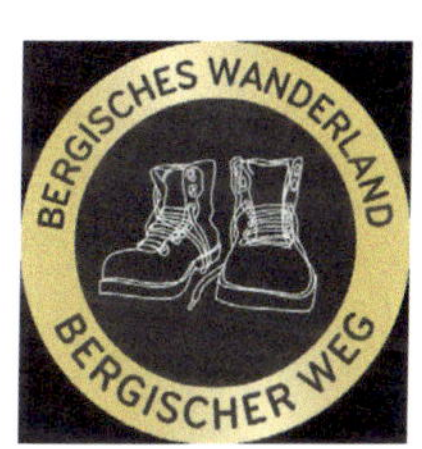

14 Etappen
Nadel Gold

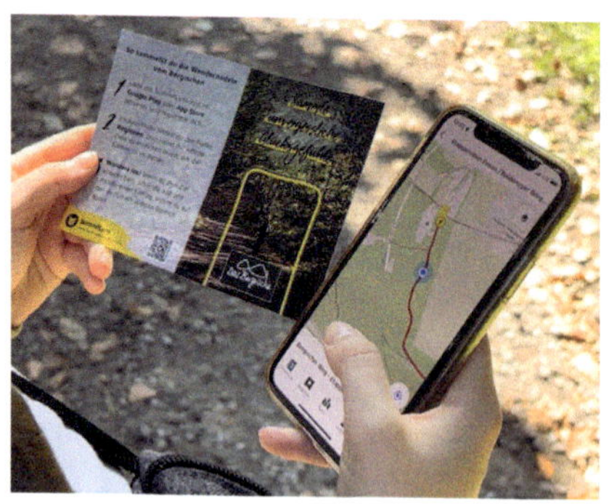

So einfach geht´s:
Laden Sie sich kostenlos die App SummitLynx auf Ihr Smartphone.
Legen Sie Ihr Profil an und wandern Sie los! Am Ziel angelangt, öffnen Sie die App und verewigen die Wanderung
im Tourenbuch mit Text und Foto. Gleichzeitig sammeln Sie
Punkte für die Nadeln. Die Einträge werden über GPS erfasst. Sie benötigen keine Internetverbindung!
Wenn alle Voraussetzungen erfüllt sind, erhalten Sie die Wandernadel und Ihre Wanderurkunde per E-Mail.

Nähere Informationen finden Sie unter: www.dasbergische.de/wanderna-deOder nutzen Sie direkt den folgenden QR-Code zum Download der App:

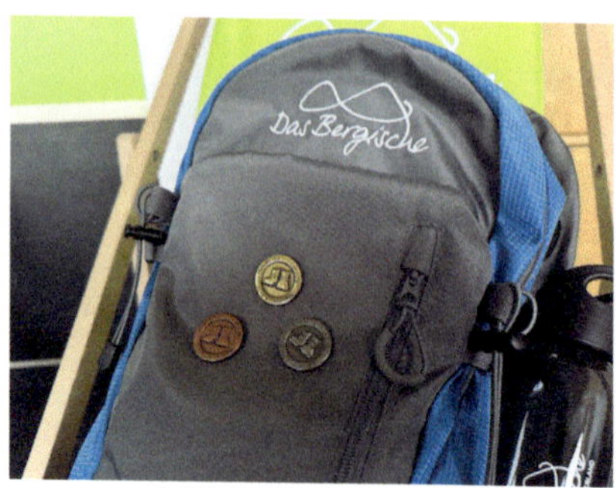

Herzlich Willkommen

im Bergischen Wanderland!

Unsere Wanderregion beherbergt zwei vom Deutschen Wanderland mit dem Prädikat „Wanderbares Deutschland“ ausgezeichnete Fernwanderwege. Dies sind der „Bergische Weg“ und „Der Bergische Panoramasteig“. Darüber hinaus har die Region zahlreiche „Bergische Streifzüge“ als thematische Halb- und Ganztagestouren im Angebot. „Der Bergische Weg“ sucht deutschlandweit seinesgleichen. Auf 259 Kilometern in 14 Etappen führt der Weg vom Baldeneysee in Essen bis ins Siebengebirge nach Königswinter am Rhein und schafft damit die einmalige Verbindung zwischen den das Land NRW prägenden Kulturlandschaften dem Ruhrgebiet, dem Bergischen Land und Rheinland. Jede der zwischen 11,4 und 26,4 Kilometer langen Etappen ist einzigartig und bietet den Wandernden wundervolle Erlebnisse durch einen Wechsel von herrlichen Natur- und Kulturlandschaften sowie Einblicke in historische Orte.

Der Bergische Weg birgt eine über 100-jährige Geschichte, verzaubert mit spektakulären Landschaftsausblicken und reiht wie an einer Perlenkette in seinem Wegeverlauf landschaftliche und kulturelle Höhepunkte. Er wurde zu „Deutschlands schönstem Wanderweg 2024“ vom Deutschen Wandermagazin gekürt.

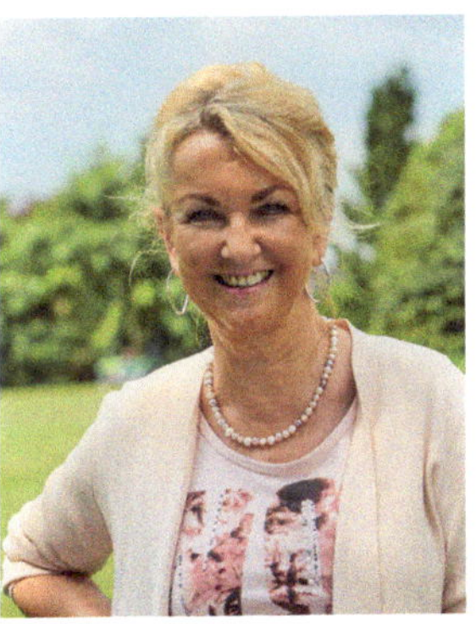

Gabi Wilhelm
Geschäftsführerin „Das Bergische“

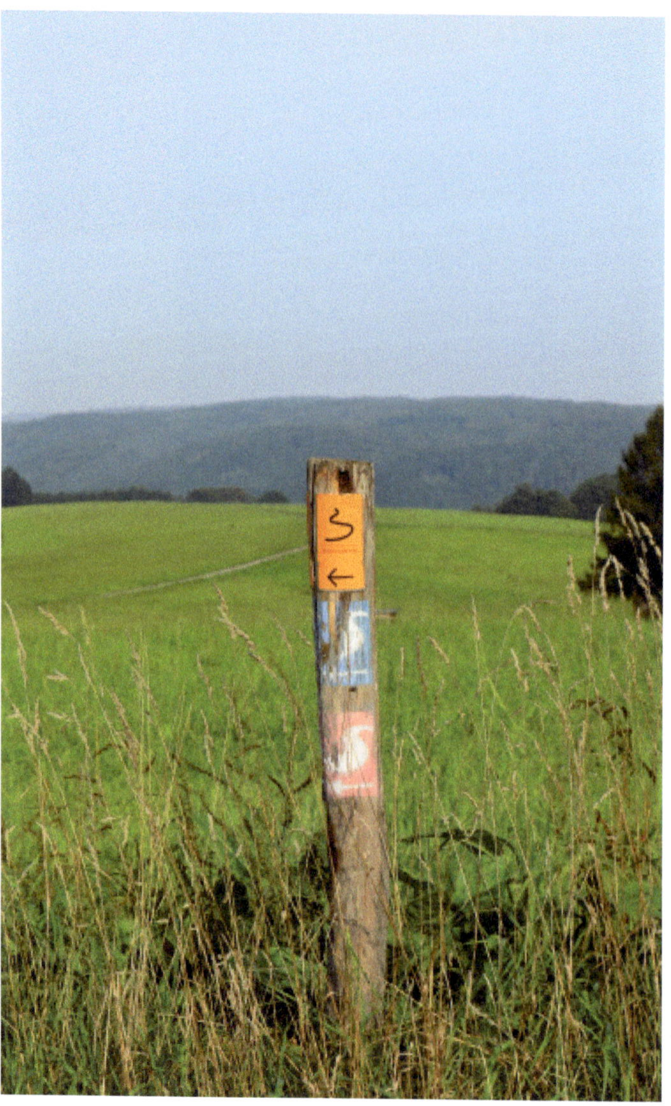

Inhalt

Reise-Infos

Anforderung

Der Bergische Weg ist durchgehend beschildert. Natürlich kann es aufgrund von land- und forstwirtschaftlichen Arbeiten sowie durch Witterungseinflüsse und mutwillige Beschädigungen auch zu Lücken in der Beschilderung kommen. Daher ist es notwendig, Kartenmaterial und diesen Wanderführer mit seiner ausführlichen Wegbeschreibung mit sich zu führen.

Grundsätzlich ist die Erwanderung des Bergischen Weges mit einer normalen Grundfitness und etwas Wandererfahrung problemlos zu bewältigen. Über weite Teile verläuft die Streckenführung über einfach zu laufende Forst-, Feld- und Wiesenwege. Trotzdem sind natürlich auch einige Steigungen und Gefälle zu überwinden, was besonders die Knie- und Fußgelenke belastet. Wandern Sie grundsätzlich nur mit gut eingelaufenen Wanderschuhen und überfordern Sie sich nicht unnötig. Fast jede Etappe können Sie abkürzen oder mit öffentlichen Verkehrsmitteln oder einem Taxi zu Ende bringen.

Anreise und ÖPNV

Das Bergische Land ist mit allen Verkehrsmitteln bequem zu erreichen. Ob mit dem PKW oder dem ÖPNV-Netz: die jeweiligen Anfangs- und Endpunkte der Etappen erreichen Sie problemlos.

Sollten Sie mit dem PKW anreisen, finden Sie zu Beginn jeder Etappenbeschreibung einen Vorschlag für das Navigationsgerät Ihres Autos und am Ende Telefonnummern von ortsansässigen Taxiunternehmen.

Beim alljährlichen Fahrplanwechsel ändern sich manche Fahrpläne des ÖPNV-Netzes und werden daher hier nicht aufgeführt. Für Smartphone-Besitzer ist die App „Öffi“ sehr empfehlenswert: hier finden Sie alle Haltestellen, Verbindungen, Netzpläne und Abfahrtszeiten inklusive eventueller Verspätungen.

Essen und Trinken

Da die Menschen im Bergischen Land zumeist arm waren und für ihren Lebensunterhalt schwer arbeiten mussten, war die traditionelle bergische Küche einfach, preiswert und nahrhaft. Fleisch kam nur selten auf den

Tisch und die Kühe wurden in der Regel zur Milchgewinnung gehalten. Aufgrund des rauen Klimas wurden von den Bauern hauptsächlich Getreide, Kartoffeln, Rüben und Kohlsorten angebaut. Hinzu kamen Gemüse und Kräuter aus dem Garten.

Da das Bergische Land sowohl zum Rheinland als auch zu Westfalen gehört, findet man in der Bergischen Küche Einflüsse der rheinischen und der westfälischen Küchen, wie zum Beispiel den Rheinischen Sauerbraten, Himmel und Ääd oder den westfälischen Panhas und die Potthucke.

Einen ganz besonderen Höhepunkt hat die Bergische Küche aber doch zu bieten: die Bergische Kaffeetafel. Diese Spezialität gibt es in keiner anderen deutschen Region und ist die Krönung der bergischen Gastlichkeit.

Auch wenn es örtliche Unterschiede gibt, gehören drei Dinge immer zur Kaffeetafel: frischgebackene Waffeln, Reisbrei mit Zimt und Zucker und Kaffee, gereicht in einer „Dröppelminna", einer Kanne aus Zinn. Darüber hinaus findet man aber auch Schwarzbrot, Kastenstuten, Butter, Käse, Quark, Honig, Rübenkraut, Brezeln, Zwieback, Napfkuchen, Wurst oder Schinken, Muzen und noch vieles mehr auf einer Bergischen Kaffeetafel.

Diese doch etwas merkwürdige Zusammenstellung erklärt sich aus der bergischen Gastfreundschaft heraus: Erwartete eine Familie einen Gast, stellte sie alle guten Dinge auf den Kaffeetisch, die sie im Haus hatte. Je nachdem wie die Familie finanziell gestellt war, war es mal mehr und mal weniger.

Die Bergische Kaffeetafel kann man in vielen Gasthäusern im Bergischen Land genießen. Verpassen Sie diese Spezialität nicht!

Informationen

Informationen über das Bergische Land finden Sie hier:

Das Bergische (offizielles Tourismus-Portal)
Das Bergische Haus
Friedrich-Ebert-Straße 75
51461 Bergisch Gladbach
Tel. 02204 843000
www.dasbergische.de,
www.bergischesland.de oder
www.nrw-tourismus.de

Umfassende Informationen zum Bergischen Weg erhalten Sie auf der Internetseite: www.bergisches-wanderland.de. Hier können Sie Broschüren bestellen, Unterkünfte buchen, Karten und Bücher bestellen und noch vieles mehr.

Die Adressen und Telefonnummern der Touristinformationen der einzelnen Etappenziele finden Sie am Ende jeder Etappenbeschreibung.

Markierungen und Karten

Der Bergische Weg ist gut markiert. Zusammen mit dem vorliegenden Wanderführer sollten Sie Ihren Weg problemlos finden. Trotzdem sollten Sie zur Sicherheit immer gutes Kartenmaterial mitführen.

Es gibt diverse Wanderkarten im Maßstab 1:25.000 mit aktuellsten Wegenetz und mit jeder Menge touristischer Informationen und Gastronomiehinweise.

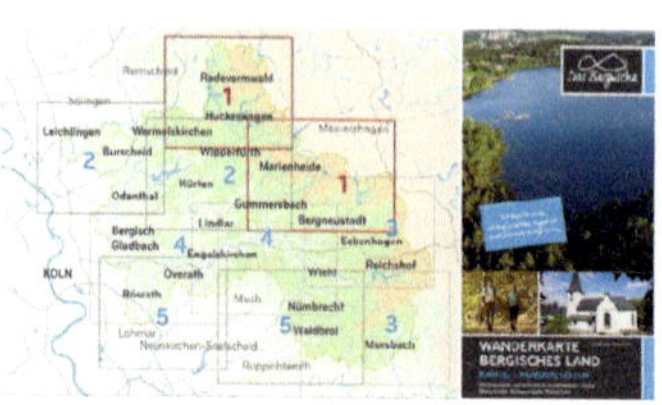

Wanderkarte 1: Talsperrenlandschaft Bergisches Land Blatt 1 – Norden/Osten (ISBN 978-3-936405-84-2)
Bergneustadt, Gummersbach, Hückeswagen, Lindlar, Marienheide, Radevormwald, Wipperfürth

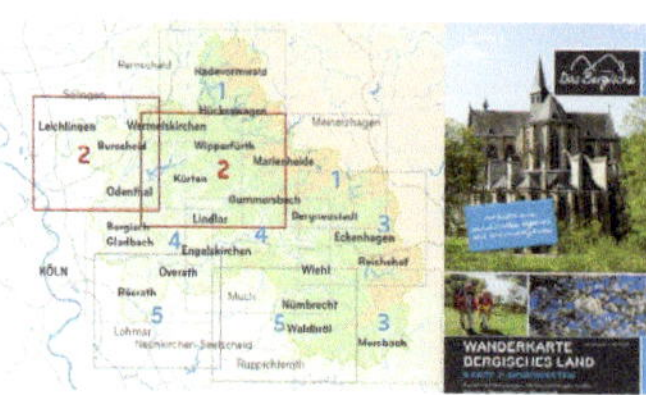

Wanderkarte Bergisches Land Blatt 2 – Nordwesten (ISBN 978-3-936405-85-9)
Burscheid, Hückeswagen, Kürten, Leichlingen, Lindlar, Odenthal, Wermelskirchen, Wipperfürth

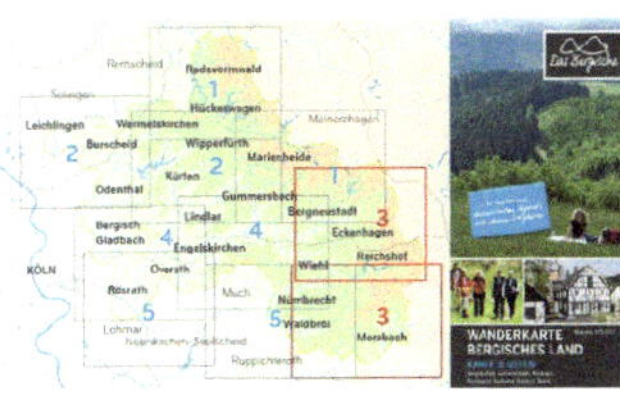

Wanderkarte Bergisches Land Blatt 3 – Osten (ISBN 978-3-936405-86-6)
Bergneustadt, Gummersbach, Morsbach, Nümbrecht, Reichshof, Waldbröl, Wiehl

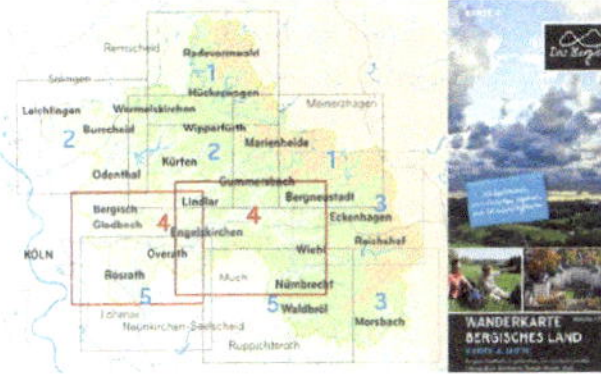

Wanderkarte Bergisches Land Blatt 4 – Mitte (ISBN 978-3-936405-87-3)
Bergisch Gladbach, Engelskirchen, Gummersbach, Lindlar, Lohmar, Much, Nümbrecht, Overath, Rösrath, Wiehl

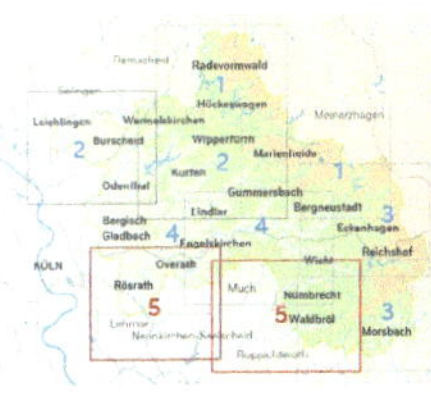

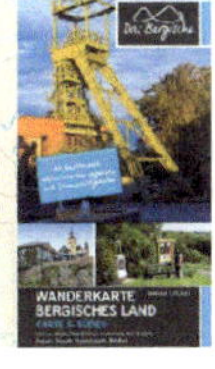

Wanderkarte Bergisches Land Blatt 5 – Süden (ISBN 978-3-936405-88-0)
Lohmar, Much, Neunkirchen-Seelscheid, Nümbrecht, Overath, Rösrath, Ruppichteroth, Waldbröl

Alle Bücher und Karten nicht nur über das Bergische Land können Sie direkt bei der Buchhandlung Bücken erwerben:

Buchhandlung Bücken
Hauptstr. 57 a
51491 Overath

Tel. 02206 2104
info@buchhandlung-buecken.de
www.buchhandlung-buecken.de

Literatur

Allgemeine Literatur zum Bergischen Land

- 111 Orte im Bergischen Land, die man gesehen haben muss
  von Ralf Koss und Stefanie Kuhne, emons Verlag,
  ISBN 978-3-95451027-6, 14,95 Euro
- Bergisches Land. Der optimale Wegweiser für Kurzurlauber und Heimatverliebte
  von Gisela Schmoeckel, Droste Verlag,
  ISBN 978-3-77001430-9, 10,95 Euro
- Das Bergische Land. Die schönsten Seiten
  von Udo Haafke und Alexander Richter, Sutton Verlag,
  ISBN 978-3-95400341-9, 14,99 Euro

Reisezeit

Die ideale Wanderzeit im Bergischen Land ist von April bis Oktober. Aber auch die übrigen Monate sind bei guter Witterung geeignet, das Bergische Land von einer ganz anderen Seite kennen zu lernen. Wanderer sind dann kaum noch unterwegs, man hat den Wald ganz für sich allein und kann die Stille genießen. Gerade in den Wintermonaten, vielleicht sogar im Schnee, ist eine Wanderung auf dem Bergischen Weg ein ganz besonderes Naturerlebnis. Allerdings sollte man bedenken, dass es in den Wintermonaten doch recht früh dunkel wird und dementsprechend die Länge der Etappen planen.

Unterkünfte

„Gütesiegel Gastgeber Bergisches Wanderland“ – unter diesem Begriff haben sich Gastgeber zusammengeschlossen, die besonders auf Wanderer eingestellt sind. Erkennbar sind diese Betriebe am Gütesiegel in den Gastgeberverzeichnissen der Region.

Das Bergische Land verfügt über ein vielfältiges Angebot an Unterkunftsmöglichkeiten. Leider liegen diese nicht immer direkt am Bergischen Weg, so dass zum Teil zusätzliche Wanderkilometer oder eine Fahrt im Taxi eingeplant werden muss. Am Ende jeder Etappenbeschreibung sind Unterkunftsmöglichkeiten, die in der Nähe des Bergischen Weges liegen, aufgeführt. Eine vorzeitige Reservierung ist immer anzuraten.

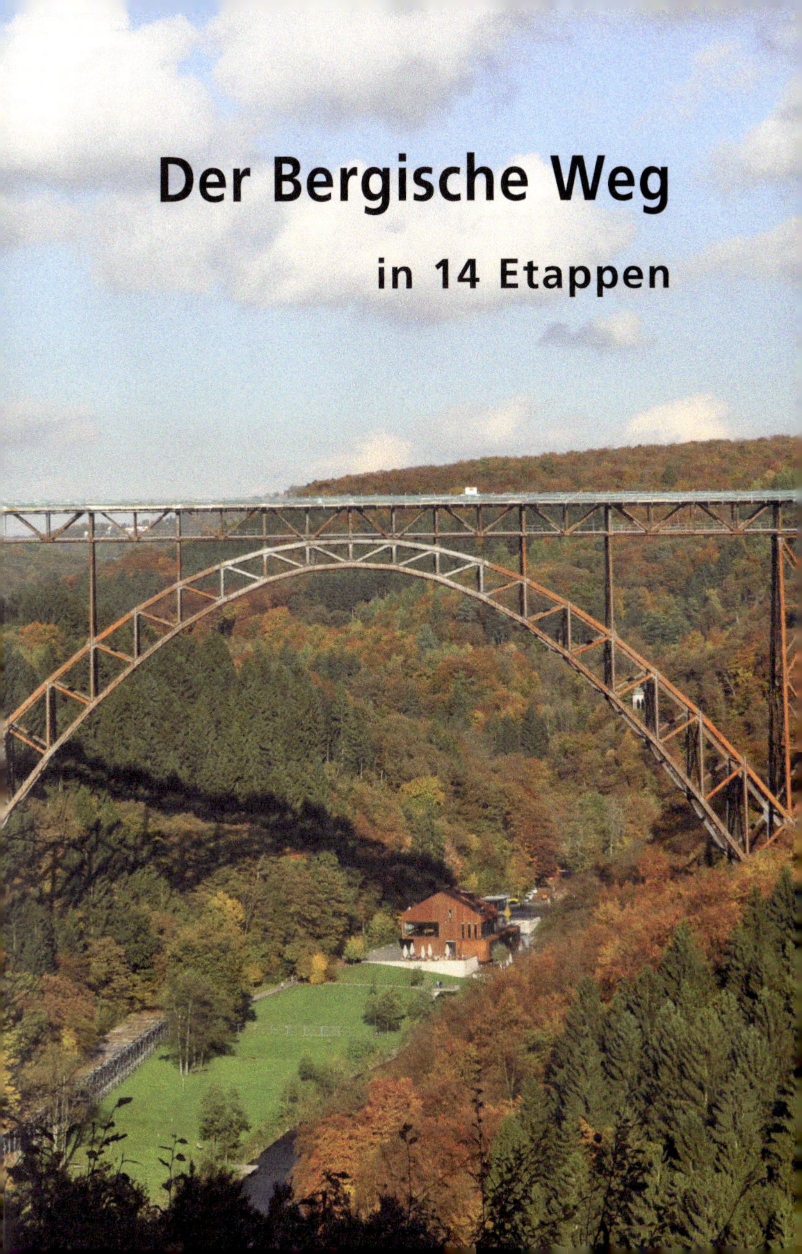
Der Bergische Weg
in 14 Etappen

1. Etappe: Essen – Velbert (11,4 km; 3 Std.)

Vom Baldeneysee bis zu den ersten Höhen des Bergischen Landes

Ausgangspunkt: *Baldeneysee* Wanderparkpkatz Baldeney
Anfahrt: Eingabe für das Navigationsgerät: *Baldeney 33, 45134 Essen.*
Oder mit dem ÖPNV bis Haltestelle *Drosselanger* + 10 Minuten Fußweg.
Charakter: Leicht, nur geringe Anund Abstiege, schöne Ausblicke auf den Baldeneysee.
Einkehr: Am Baldeneysee zahlreiche Einkehrmöglichkeiten.

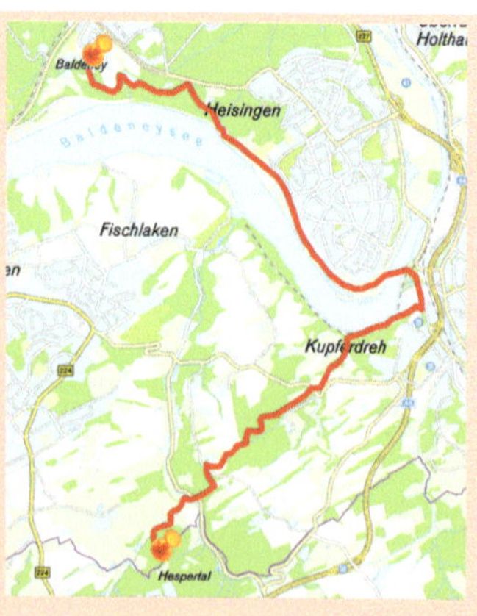

Der Bergische Weg startet auf dem Parkplatz des Hotel Restaurants *„Heimliche Liebe“*. Hier finden wir die ersten orangen Wegweiser des Bergischen Weges.

Wir überqueren den Parkplatz, lassen die *„Heimliche Liebe“* rechts liegen und folgen dem Weg, der uns geradeaus bergab durch einen Wald führt. Bereits hier hat man immer wieder einen schönen Blick durch die Bäume auf den Baldeneysee. Wir wandern bis zu einer Wegkreuzung. Ein kleiner Weg geradeaus geht zur *Burgruine Isenburg* – ein kleiner Abstecher lohnt sich.

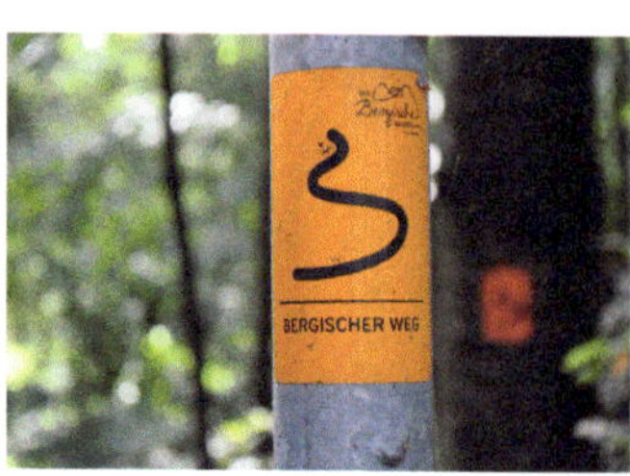

Die Markierung des Bergischen Weges begleitet uns auf den nächsten 262 Kilometern.

Unser Weg führt uns jedoch nach rechts und verläuft unterhalb der Isenburg durch lichtes Blattwerk.

An einer Wegkreuzung wandern wir rechts eine asphaltierte Straße entlang und gehen auf die Gastronomie „Schwarze Lene“ zu. Hier hat man von der Terrasse einen fantastischen Blick auf den Baldeneysee.

Wir überqueren den Parkplatz

Geschichte der Isenburg

Der Baubeginn der Burg Isenburg wird für 1193/94 vermutet, fertiggestellt wurde sie im Jahre 1200. Bereits 25 Jahre später, im Winter 1225/26, wurde sie zerstört. Graf Adolf von Altena (Erzbischof von Köln und Herzog von Westfalen) und sein Bruder Graf Arnold von Altena repräsentierten mit der Erbauung der gewaltigen Bauform der Burganlage ihren Status und Machtanspruch.

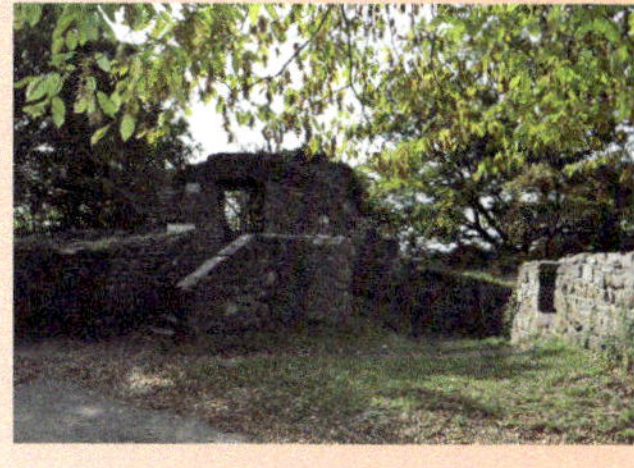

Burgruine Isenburg

der „Schwarzen Lene", halten uns links und wandern in ein kleines Wäldchen hinein und nach ein paar hundert Metern links bergab. An einer Abzweigung wenden wir uns nach rechts und direkt danach wieder nach links. Nach rund 200 Metern erreichen wir einen Aussichtspunkt mit einen wunderbaren Blick auf den Baldeneysee. Kaum zu glauben, dass wir uns am Rande des Ruhrgebiets befinden.

Nachdem wir einige Stufen links aufwärts in den Wald gegangen sind, geht es in Kurven abwärts zum Ufer des Baldeneysees. Wir folgen der asphaltierten Straße in Ufernähe, vorbei an zahlreichen Anlegestellen für Segelboote, an Regattavereinen, Restaurants und Biergärten, Bootshäusern, Campingplätzen und Kleingartenanlagen.

Am östlichen Ende des Sees gehen wir links hoch über eine Brücke, die für Pausen kleine Nischen biete,t und überqueren den Baldeneysee. Wir wandern geradeaus in Richtung *„Hespertalbahn"*, einer Museumseisenbahn am Baldeneysee.

Wir folgen dem Weg über die Schienen auf einer asphaltierten Straße an Parkplätzen vorbei und durch ein kleines Gewerbegebiet. Danach wenden wir uns an einer Kreuzung nach rechts (nicht die Stufen links hoch!) und folgen der geteerten Straße, bis sich der Weg am Ende nach oben schlängelt, vorbei an neu gebauten Häusern.

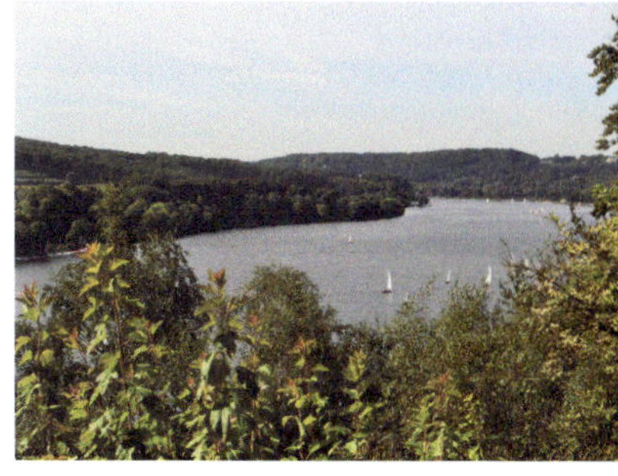

Der Baldeneysee – Idylle mitten im Ruhrgebiet

Hespertalbahn

Wenn man rund um den Baldeneysee wandert, kann man sich kaum vorstellen, dass hier einmal Zechen standen, ein Zementwerk die Bäume grau färbte und in einem Hüttenwerk Stahl gekocht wurde. Heute erinnert an diese Zeit nicht mehr viel. Einzig die Hespertalbahn überlebte als Denkmal der Industriegeschichte. Die Anfänge dieser Bahn liegen bereits im Jahr 1857 als eine von Pferden gezogene Schmalspurbahn, die Eisenerz und Kalk beförderte.

Im Jahr 1975 gründete sich der Verein zur Erhaltung der Hespertalbahn e.V. Er hat in seinen Fahrzeugbestand zwei historische Personenwagen, eine Dampflok und für das Ruhrgebiet typische Werksbahnlokomotiven übernehmen können. Seit 1976 betreibt der Verein die Hespertalbahn als Museumseisenbahn.

Wir wandern auf der Höhe am südlichen Ufer des Baldeneysees entlang. An einer Linksabzweigung geht es geradeaus vorbei. Nachdem wir einige Stufen hinuntergegangen sind (nicht bis zum See hinunter!), biegen wir links ab in einen kleinen Pfad, der sogleich ein Stückchen bergauf geht. Wir folgen dem Pfad bis zu einer Pferdekoppel, wenden uns nach links und biegen gleich darauf rechts ab. An dem rechter Hand liegenden Haus gehen wir links in einen schmalen Pfad hinein und überqueren bald darauf eine kleine Brücke. Der Pfad führt uns aus dem Wald hinaus, wir wenden uns nach links und wandern die Schotterstraße hoch.

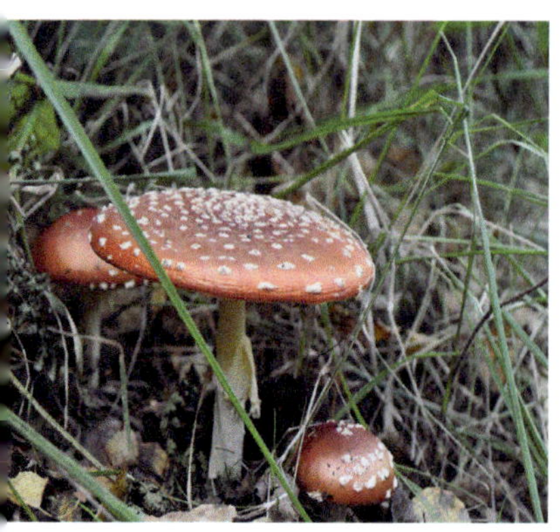

Hier kann man im Herbst den zwar giftigen, aber hübschen Fliegenpilz finden.

Bald kommen wir an eine stärker befahrene Straße, die wir rechts leicht bergauf wandern. Wir überqueren die Straße und biegen hinter der *„Villa Kunterbunt“* links in den Wald ein.

An einer T-Kreuzung im Wald, an der sich keine Hinweisschilder befinden, wandern wir links weiter. An der nächsten Abzweigung sind abermals keine Schilder zu finden; wir müssen hier rechts weiter gehen und folgen dem Weg durch ein kleines Birkenwäldchen. Der Weg führt leicht bergauf und mündet in eine kleine Lichtung.

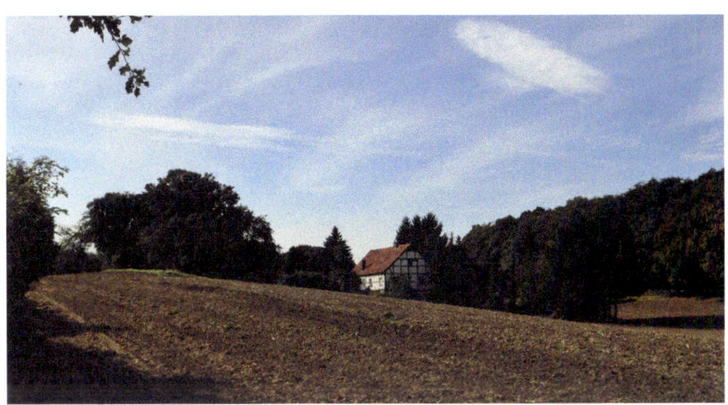

Feld und Fachwerkhaus im Bergischen Land

Wir folgen dem Weg geradeaus, ignorieren alle abbiegenden Wege, wandern aus dem Wald hinaus und an einer Hecke entlang. Bald stoßen wir auf einen grünen Metallzaun.Vorsicht! Sehr schlecht zu erkennen ist hier das Schild, das uns geradeaus weiterführt. Am Ende des Zaunes – wiederum ist das Schild nur schwer zu finden – müssen wir uns links halten und wandern den Zaun entlang, halten uns am Ende rechts auf einem Schotterweg bis wir links auf eine asphaltierte Straße abbiegen. Es geht die Straße entlang bis zu einer Linkskurve, wo wir rechts in den Wald abbiegen. Nach einem streckenweise steilen Abstieg gelangen wir wiederum auf eine asphaltierte Straße, wenden uns nach rechts und kurz darauf nach links in die Straße *Hespertal*.

Kurz vor dem Wohnhaus biegen wir rechts ab *(An der Borg)*, folgen dem Weg an einer Kuhwiese vorbei und gehen durch ein Drängelgitter links in den Wald hinein, an einem Bächlein und einem *Golfplatz* vorbei. Im Wald kreuzen sich zwei Wege. Auch hier finden wir kein Schild, das uns den Weg weist. Wir müssen aber den Weg geradeaus nehmen und wandern leicht bergauf bis zu einem Wegweiser des Bergischen Weges.

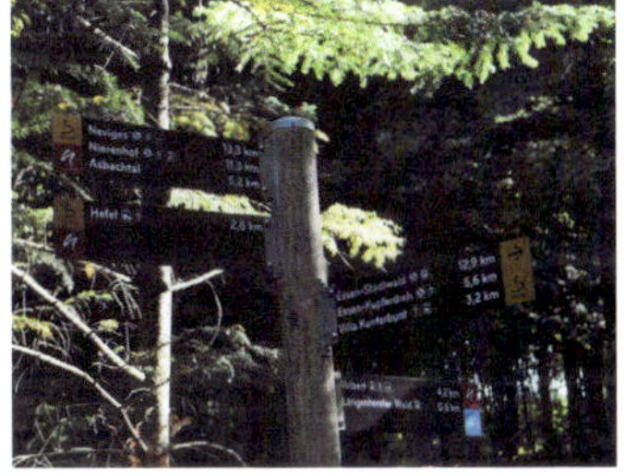

Hier endet mitten im Wald die erste Etappe. Rechts geht es auf einem Zuweg Richtung Velbert, links beginnt die zweite Etappe Richtung Wülfrath.

Übernachten in Velbert

- ca. 3 km
  ➤ Best Western
  Günther-Weisenborn-Str. 7
  42549 Velbert
  Tel.: 02051/4920
  www.parkhotel-velbert.de

- ca. 3,3 km
  ➤ Hotel zur Traube
  Friedrichstraße 233
  42551 Velbert
  Tel.: 02051/92060
  www.zur-traube-velbert.de

- ca. 3 km
  ➤ Gästehaus Rohleder
  Friedrichstraße 106
  42551 Velbert
  Tel.: 02051- 52361
  www.haus-rohleder.de

Taxi

- Taxi Essen, Tel.: 0201-19410

- Taxi Velbert, Tel.: 02051-19410

Tourismus-Information

- EMG-Touristikzentrale Essen
  Am Hauptbahnhof 2 45127
  Essen
  Tel.: 0201-19433

- Velbert Markteting GMGH
  Friedrichstr. 177
  42551 Velbert
  Tel.: 02051-6055-0
  www.velbertmarketing.de

Sehenswertes

- Villa Hügel
  45133 Essen
  Tel.: 0201-616290
  www.villahuegel.de

- Hespertalbahn e.V.
  45242 Essen
  Tel.: 9291-4085619
  www.hespertalbahn.de

- Deutsches Schloss- und
  Beschlägemuseum Oststr.
  20
  42551 Velbert
  Tel.: 02051-262285
  www.schlossundbeschlaege-
  museum.de

2. Etappe: Velbert – Wülfrath (22,6 km; 6,5 Std.)

Über Höhen und durch Täler, vorbei am Barockschloss Hardenberg und der Düsselquelle

Ausgangspunkt: mitten im Wald, nördlich von *Velbert-Langenhorst* (Zuweg).
Anfahrt: Eingabe für das Navigationsgerät: *Fasanenweg, 42551 Velbert-Langenhorst*, dann über den Zuweg zum Etappenbeginn oder Parkplatz Langenhorster Wald.
Oder mit dem ÖPNV bis Haltestelle *Hasenpfad* + 5 Minuten Fußweg bis zum Zuweg.
Charakter: mittel, mit einigen Steigerungen, viele asphaltierte Straßen.
Einkehr: Haus Nickhorn, Gaststätten in Velbert-Neviges.

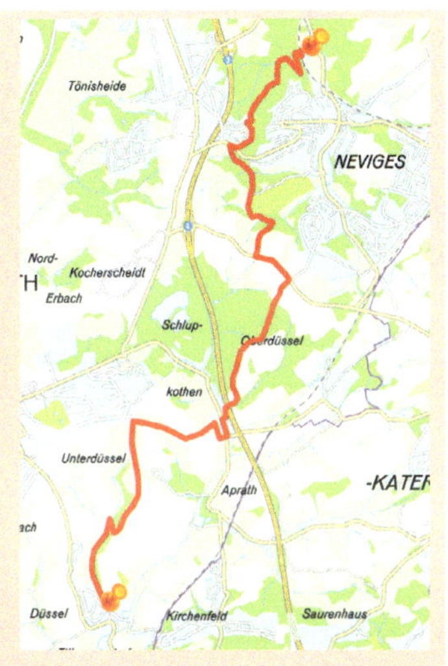

Die zweite Etappe des Bergischen Weges beginnt mitten im Wald. Ein Zuweg aus *Velbert* (4,2 km) oder vom Parkplatz *„Langenhorster Wald“* (0,6 km) führt uns zu unserem ersten Etappenschild (*Neviges 13,3 km*).

Wir wandern geradeaus, nach ca. 50 Metern biegen wir an einer Wiese rechts ab und gehen am Wald entlang, um dann direkt auf einen Waldweg links abzubiegen. Nach ungefähr 500 Metern gabelt sich der Weg, wir wählen den linken und wandern leicht bergab. An einer Schranke gehen wir geradeaus weiter und ignorieren kurz darauf den linken Weg. Der Weg verläuft in leichten Wellen bergauf und bergab. Wir kommen an eine Wegkreuzung, folgen dem Weg nach links, gehen abermals an einer Schranke vorbei und dann auf ein Haus zu. Unser Weg setzt sich rechts davon fort. Hinter dem Haus folgen wir den Hinweisschildern nach links, um dann kurz darauf rechts in den Wald abzubiegen. Der Weg steigt an und wir gelangen zu einer Anhöhe. Hier folgen wir der Beschilderung nach links und wandern durch den Wald. Kurz darauf biegen wir wiederum

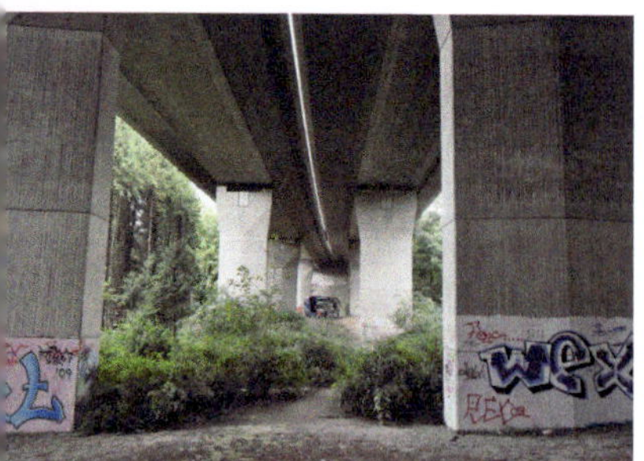

Die Autobahnbrücke der A 44 von unten – auch sehenswert!

links ab, unser Weg führt leicht bergab durch den Wald. Von weitem hört man die Autobahn A 44 rauschen. Bald sehen wir die Autobahnbrücke und nehmen nach ca. 5 Metern den Weg links hinunter. An einer T-Kreuzung wenden wir uns nach rechts, gehen an einer Schranke vorbei und kommen zu einem Platz mit Häusern und einer Schutzhütte, einem Bauwagen und geschnitzten Holzfiguren. Hierbei handelt es sich um einen *Waldkindergarten*. Wir überqueren das Gelände und laufen auf einer asphaltierten Straße weiter. Hoch über uns ragt die *Autobahnbrücke* der A 44.

Wir gehen nicht in Richtung Haus, sondern nur ganz kurz nach links und an der Straße *Hefel* nach rechts. Wir überqueren die Straße und wandern unter der Autobahnbrücke hindurch. Dann gelangen wir links hinter einer Schranke auf eine asphaltierte Straße und wandern an Gärten vorbei weiter.

Rechts von uns fließt ein Bächlein. Hinter einem Haus nehmen wir die Straße links hoch, wenden uns nach rechts und gehen am Waldrand entlang. Leider begleitet uns nun für eine Weile die ständige Geräuschkulisse der A 44. Der Weg führt uns an einer Wiese vorbei, um sich dann als kleiner Pfad rechts hoch zu schlängeln, vorbei an Brombeerbüschen. Oben angekommen befinden wir uns auf einer Anhöhe mit mehreren Privathäusern und setzen unseren Weg an *„Helgas alter Schule“* vorbei fort. Der asphaltierte Weg führt uns durch Felder hindurch bis wir auf die Kreisstraße (K 23) kommen. Wir überqueren die Straße und wenden uns nach rechts. Nach ca. 2 km erreichen wir eine Kreuzung, die wir überqueren. Hier beginnt ein möglicher Zuweg nach Langenberg.

An der Kreuzung *Langenberger Straße / Bökenbuschstraße / Rottberger Straße* gehen wir geradeaus über die Straße in die *Bökenbuschstraße*, bis wir nach ca. 100 Metern rechts in den *Richrather Weg* hinein gehen. An dem geschlossenen Restaurant *„Am Acker“* biegen wir nicht links ab, sondern folgen dem *Richrather Weg* geradeaus. Nachdem wir einige Häuser hinter uns gelassen haben, wenden wir uns an einer T-Kreuzung nach links und genießen bald darauf eine wunderbare Aussicht auf Wiesen, Felder und Höfe.

Nach ca. 200 Metern gabelt sich unser Weg; wir nehmen die linke Abzweigung und wandern einige hundert Meter einen steinigen Weg den Berg hinunter. Vorsicht: Im Herbst und Winter kann dieser Weg recht rutschig werden. Wir erreichen einen Bach und eine ehemalige Fischzuchtanlage. Hier gabelt sich der Weg: Wir wählen die linke Möglichkeit, bis wir uns an einem asphaltierten Weg nach rechts wenden. An einer befahrenen Kreisstraße (K 28) wandern wir rechts weiter zur Gaststätte *„Haus Nickhorn“* und überqueren etwas später die Bleibergstraße. Wir biegen links ab und überqueren auf einer schmalen Brücke den *Eselsieper Bach*. Diesem folgen wir durch Felder hindurch und genießen den schönen baumgesäumten Weg. Unser Weg geht in Serpentinen durch einen herrlichen Buchenwald.

An einer Weggabelung wenden wir uns nach links, geradeaus ist der Zuweg nach *Velbert* ausgeschildert. Mitten im Wald laufen wir nicht den breiten Wanderweg weiter, sondern wenden uns nach links auf einen schmaleren Pfad bis wir auf ein Haus stoßen. Hier wenden wir uns zunächst nach rechts und direkt danach wieder nach links *(Am Knollenberg)*. Nach ca. 40 Metern wandern wir an der Kreuzung geradeaus und folgen dem asphaltierten Weg. Ca. 10 Minuten später geht es einen Hohlweg bergauf in den Wald hinein. Nach einem kurzen, steilen Anstieg wandern wir an einem Zaun vorbei und treffen auf eine Landstraße, der

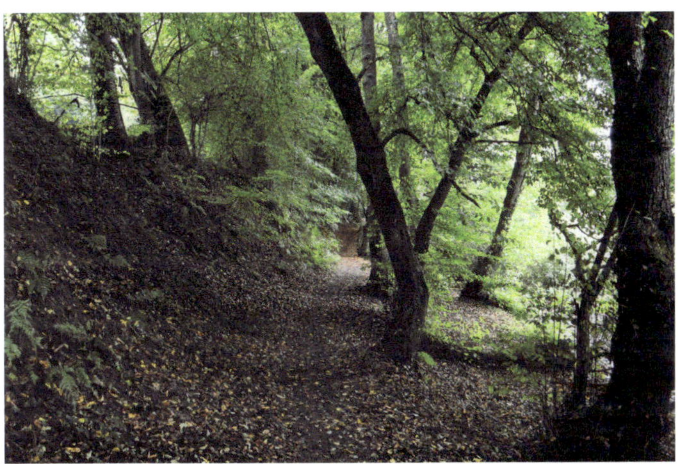

Durch den schönen Buchenwald

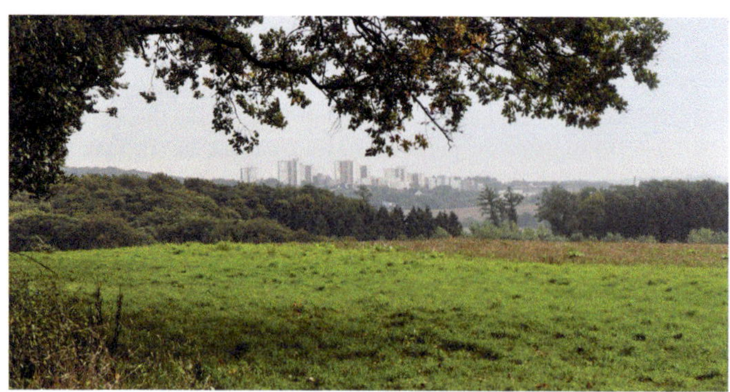

Aus der Ferne sehen Sie Hochhäuser von Wuppertal.

wir geradeaus folgen, bis wir auf die stark befahrene Landstraße L 107 stoßen. Wir überqueren die Straße und folgen der Beschilderung einen gepflasterten Weg bergab. Nach wenigen Metern gehen wir durch ein grünes Metalltor durch eine Hecke auf eine Obstbaumwiese. Dies ist ein Privatgelände: Ein Schild am Tor ermahnt den Wanderer sich dementsprechend zu verhalten. Wir wandern auf der Wiese bergab, zur Rechten haben wir einen tollen Blick auf das Bergische Land und wenden uns an einem Feld nach links. Nach einiger Zeit treffen wir auf Bahngleise und wandern an diesen entlang. Einen abzweigenden Weg ignorieren wir. Über eine Fußgängerbrücke geht es links zum *„Schloss Hardenberg"*. Ein Abstecher dorthin lohnt sich.

Unser Weg führt uns auf einem breiten Wanderweg rechts steil in den Wald hinauf und direkt danach wieder nach links. Nach ca. 150 Metern nehmen wir einen schmaleren Weg rechts hinauf. Hier findet man auch die

Schloss Hardenberg

Im Stadtteil Neviges befindet sich das Schloss Hardenberg, ein ehemaliges barockes Wasserschloss. Die Herren von Hardenberg errichteten vermutlich schon im 13. Jahrhundert den Wehrbau. Allerdings verkauften sie es bereits 1354 an den Grafen von Berg. Ende des 17. Jahrhunderts wurde das Schloss zu seiner heutigen Form umgebaut. Heute wird es von der Stadt Neviges als Museum und Kulturzentrum genutzt. Überreste der Burg Hardenberg befinden sich ca. 600 Meter südwestlich.

ersten Schilder des *Neanderlandsteigs*, der zum Teil identisch mit dem Bergischen Weg verläuft.

Ein Schild am Baum weist uns zu einem kleinen Pfad links in den Wald hinein. Nach einigen Metern verlassen wir den Wald, setzen unseren Weg auf einer asphaltierten Straße fort und wandern an einer Schutzhütte vorbei. Wir gehen auf einen Zaun zu, nehmen den Weg links hinunter und wenden uns direkt danach wieder nach rechts. Kurz vor einer Siedlung biegt unser Weg nach links ab. Hinter einer Realschule gabelt sich der Weg: Wir nehmen die rechte Abbiegung und laufen quer durch den Wald bis wir wieder zur Landststraße L 107 kommen. Diese überqueren wir und wenden uns nach links Richtung *Düsselquelle*.

Düssel
Die Quelle der Düssel übersieht man leicht. Sie liegt versteckt, ohne große Hinweisschilder, neben einem Wohnhaus. Dabei ist der 40 km lange Fluss Namensgeber der Landeshauptstadt Düsseldorf, des Wülfrather Ortsteils Düssel und des Düsseldorfer Ortsteils Düsseltal.

Wir wandern an einem Drahtzaun entlang und gehen weiter auf dem asphaltierten Weg geradeaus, bis wir an einer befahrenen Straße links abbiegen. An einer Kreuzung überqueren wir die Straße und biegen rechts ab Richtung *Wülfrath*. Wir gehen zwischen Feldern hindurch auf einen Wald zu.

Im Wald angekommen folgen wir dem Wegweiser nach *Wülfrath*. Wir erreichen eine Lichtung, ein breiter Waldweg führt uns weiter geradeaus. An einer Gabelung am Waldrand wandern wir weiter geradeaus und treten kurz darauf aus dem Wald heraus. Zwischen Feldern geht es weiter, auf der rechten Seite sieht man die Autobahnbrücke der A 535. Vor einer Unterführung biegen wir links auf einen kleinen Pfad ab und treffen im Wald auf eine asphaltierte Straße. Der hier angebrachte Wegweiser zeigt nicht eindeutig die richtige Richtung an. Wir müssen geradeaus den kleinen Weg Richtung Autobahnbrücke nehmen, die wir bald darauf unterqueren, um danach an der *Düssel* und an Gärten vorbei zu wandern. Wir treffen auf eine Straße mit der Bushaltestelle *Koxhof*, wandern links weiter Richtung Tankstelle. Vor der

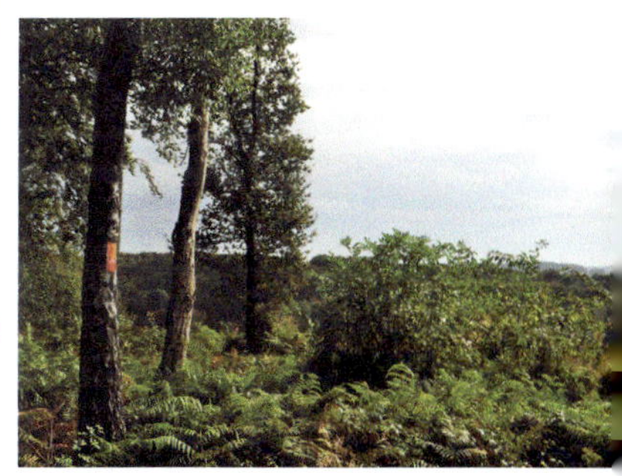

Traumhafte Ausblicke

Übernachten in Wülfrath

- ca. 2,5 km
  → Hotel Bovensiepen
  Goethestraße 43–45
  42489 Wülfrath
  Tel.: 02058-5401
  www.hotel-bovensiepen.de

- ca. 1,5 km
  → Gasthof Becker
  Tiegenhöferstr. 2b
  42489 Wülfrath
  Tel.: 02058-913743
  www.gasthof-becker.de

Taxi

- Taxi Klatt, Tel.: 02058-3065
- Taxi Trümper, Tel.: 02058-8800

Tourismus-Information

- Stadtmarketing Wülfrath
  → Am Rathaus 1
  42489 Wülfrath
  Tel.: 02058-18336
  www.wuelfrath.net

Sehenswertes

- Schloss Hardenberg
  → Zum Hardenberger Schloss 4
  42553 Velbert-Neviges
  www.schloss-hardenberg.de

- Wallfahrtskirche Neviges
  → Klosterstraße
  42553 Velbert-Neviges
  www.mariendom.de

- Historische Altstadt Wülfrath
  → Kirchplatz
  42489 Wülfrath

- Zeittunnel Wülfrath
  → Hammerstein 5
  42489 Wülfrath
  Tel.: 02058-894644

3. Etappe: Wülfrath – Gräfrath (24,9 km; 7-8 Std.)

Entlang der Düssel, an Steinbrüchen vorbei, ins malerische Gräfrath

Ausgangspunkt: St. Maximin Kirche, Dorfstraße 24, Wülfrath
Anfahrt: St. Maximin Kirche, Dorfstraße. Oder mit dem ÖPNV bis Haltestelle Ellenbeek/ Zeittunnel und dann dem Zuweg folgen. Charakter: leicht, wenige Steigungen.
Einkehr: In Düssel, Gruiten und Gräfrath.

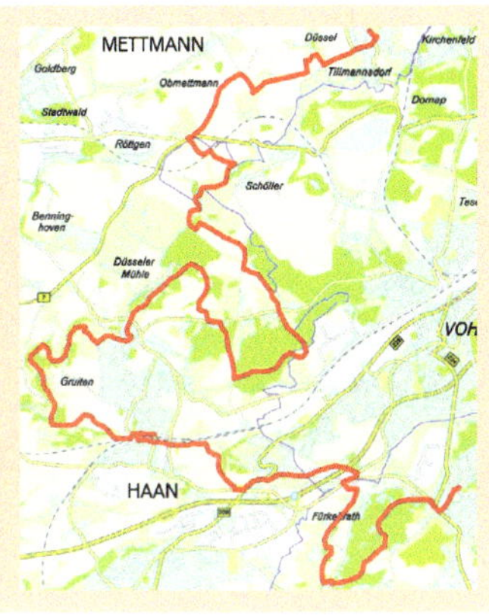

Wir starten an der St. Maximin Kirche (hier steht auch der Etappenstein), vor der wir rechts abbiegen. An der Kreissparkasse überqueren wir die Straße, lassen den Ort Düssel hinter uns und wandern die Tillmannsdorfer Straße rechts hinauf. Vor einer Rechtskurve biegt unser Weg links ab und wir wandern durch Felder den Hahnenfurther Weg entlang. An einem Rastplatz mit Bank und Steinensemble nehmen wir den Weg nach rechts und laufen bald darauf an einem Gatter zwischen Wiesen und Weiden vorbei. Wir passieren eine Zufahrt zu schön restaurierten Häusern. Kurz vor einer Birkenallee biegen wir rechts ab, gehen aber nicht durch das Gatter, sondern am Feldrand entlang weiter. Wir erreichen einen asphaltierten Weg und wandern hier, den Schildern entsprechend, nach links Richtung Gräfrath. Nach einigen Metern verlassen wir die Straße und wandern parallel dazu durch Wiesen und Felder. Links von uns liegt ein Bauernhof. Wir erreichen die B7, gehen diese ca. 50 m entlang und überqueren sie. Nach gut 200 Metern betreten wir eine Unterführung und biegen direkt danach links ab. Nachdem wir ein Feld überquert
haben, führt uns unser von Bäumen gesäumter Weg leicht bergab. An einem Teich vorbei (eine Abbiegung nach links ignorieren wir) setzen wir unseren Weg geradeaus fort. Kurz vor einem Wohnhaus nehmen wir einen kleinen Pfad links Richtung Gruiten.

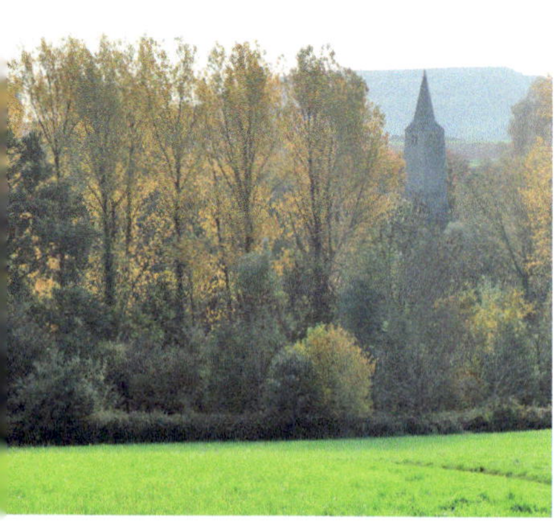

Kirchturm des alten Ritterguts Schöller

Hier sieht man in der Ferne den Kirchturm des alten „Ritterguts Schöller". Ein Abstecher lohnt sich.
Wir wandern an der romantisch dahinfließenden Düssel entlang, queren diese über eine Holzbrücke und wandern auf der anderen Seite der Düssel weiter. Nun passieren wir ein hölzernes Drängelgitter und steigen kurz darauf einige Stufen bergan. Links liegt der Pferdehof „Quarter-horse-Ranch". Vor weiteren Stufen wenden wir uns nach rechts. Unser Weg gabelt sich: Wir wandern den linken Weg bergauf weiter. Oben angekommen, treffen wir auf ein Feld, das wir links umwandern, bis wir auf eine Straße treffen. Hier ist leider nicht auf Anhieb eine Beschilderung zu erkennen. Wir müssen uns nach rechts wenden, wandern ein Stück die Straße entlang und genießen die Aussicht auf die sanften Hügel des Bergischen Landes. Nachdem wir wiederum eine asphaltierte Straße überquert haben, biegen wir rechts in den Wald ab. Bis zum Etappenende Gräfrath sind es von hier aus laut Schild noch 18,7 km. Wir gehen abermals durch ein hölzernes Drängelgitter und laufen am Waldrand entlang, bis wir nach einem weiteren Drängelgitter aus dem Wald heraustreten und parallel zur Straße auf einem Fußweg weiterwandern. Unser Weg führt uns links um ein Feld herum. Eine Abzweigung, die links in den Wald führt, beachten wir nicht weiter, sondern setzen unseren Weg geradeaus fort.
An Wiesen vorbei folgen wir dem asphaltierten Weg, bis wir auf eine zweispurige asphaltierte Straße treffen. Diese überqueren wir und wenden uns nach links, um direkt darauf hinter eine Bushaltestelle (Neu Amerika) nach rechts abzubiegen. Wir wandern auf einem Schotterweg am Waldrand entlang, treten in einen Wald hinein und nehmen die linke Abzweigung. Nachdem wir den Wald verlassen haben, wandern wir ein Stück bergab, biegen nach rechts ab und laufen auf ein Haus zu. Neben dem Haus führt uns ein Weg links in den Wald hinein. Im Wald treffen wir zuerst auf ein

hölzernes Drängelgitter, dann auf eine Schranke, verlassen bald darauf den Wald und halten uns rechts (bis Gräfrath noch 15,7 km). Wir erreichen eine Informationstafel über die „Grube 10" und das historische Dorf Gruiten, das wir später noch durchwandern werden. Hier geht es aber erst einmal geradeaus weiter über einen breiten Schotterweg. Links im Wald sieht man eine aus Baumstümpfen bestehende Sitzgruppe; sie ist der Treffpunkt einer Kindergarten-Außenstelle. Wir wenden uns links in Richtung Ristorante Pizzeria „Aurelia" und Hotel „Poock" zu.

Wir überqueren den Parkplatz von „Haus Poock", gehen durch einen kleinen Tierpark bis zu einem alten Stall. Unser Weg führt uns hier nach links. Nachdem wir einige Stufen hinab gegangen sind, wenden wir uns nach links und wandern am Steinbruch der „Grube 7" vorbei.

Nachdem man das Betongebilde (nämlich ein Überbleibsel eines früheren Kalkbrechers) passiert, läuft man noch eine ganze Weile, u.A. vorbei an Aussichtspunkten mit Blick auf die Grube und Infotafeln bis wir uns dann nach links Richtung Gräfrath wenden. Wir verlassen den Schotterweg und stoßen auf einen asphaltierten Weg, den wir rechts in Richtung Parkplatz entlanggehen. Wir überqueren den Parkplatz, kommen an die vielbefahrene Mettmanner Straße, biegen ein in die Straße „An der Düssel" und haben Gruiten-Dorf erreicht.

Wir gehen durch den Ortskern, wenden uns an der Bushaltestelle nach rechts Richtung Gräfrath (12,8 km) und wandern entlang der Düssel aus dem Ort heraus. An einem Platz mit einer Bank gehen wir weiter geradeaus auf einem gepflasterten Weg; links und rechts befinden sich Streuobstwiesen.

Kalksteinbrüche

Schroffe Felskanten, Wasserflächen, alte Industrieanlagen – das ist die Kulisse der stillgelegten Kalksteinbrüche im Gruitener Raum. Von 1899 bis 1966 wurde hier Kalk abgebaut und zur Stahl- und Zementerzeugung eingesetzt. Seit 1997 steht der ehemalige Steinbruch unter Naturschutz und langsam erobert ihn sich die Natur zurück: Auf den steilen Felsen suchen sich Bäume ein Plätzchen und in den Tümpeln wimmelt es von Leben.

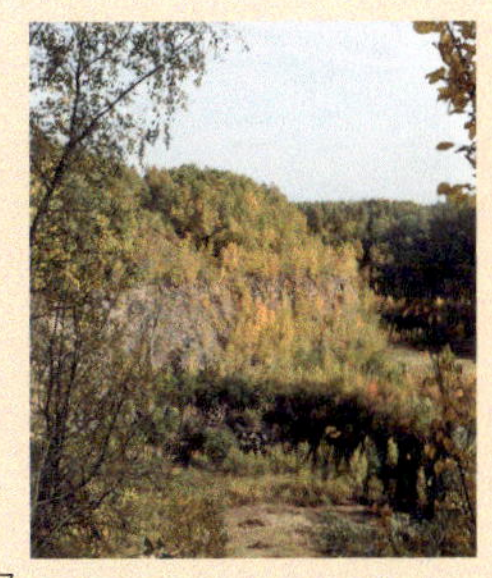

Ehemaliger Kalksteinbruch – Grube 7

Historisches Dorf Gruiten
Das historische Dorf an der Düssel – es entstand bereits um das Jahr 1000 – besticht durch gut erhaltene Fachwerkhäuser
und Kopfsteinpflaster, und hat sich dadurch den lieblichen Charakter eines typischen bergischen Dorfes bewahrt.

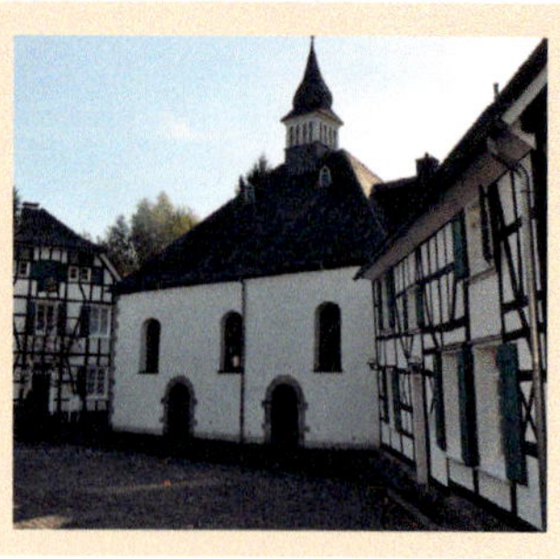

Gruiten-Dorf, wie aus einer längst vergangenen Zeit

Nachdem wir die Wiesen hinter uns gelassen haben, wenden wir uns nach links Richtung Gräfrath und betreten hier das Naturschutzgebiet Neanderthal. Wir überqueren abermals die Düssel und setzen unseren Weg rechts fort. Über mehrere Holzbrücken führt er uns eine Weile an der Düssel entlang, vorbei an Waldrändern und Wiesen. Wir passieren eine private Teichanlage und eine Schranke. Noch immer begleitet uns, mal rechts, mal links, die Düssel. An einem roten Backsteinhaus gabelt sich der Weg. Wir bleiben geradeaus auf dem Hauptweg bis zu einem asphaltierten Weg. Gerade aus geht es leicht bergan bis zum „Hof Ehlenbeck". Wir passieren den Bauernhof, gehen rechts bis zu den Eisenbahnschienen und dann links bis zum Bahnhof Gruiten. Nachdem wir durch eine Unterführung gegangen sind, folgen wir auf der anderen Seite der Beschilderung nach links und wandern dann über die Querstraße geradeaus an den Bahnschienen entlang. Wir überqueren eine zweispurige Straße und setzen unseren Weg geradeaus fort. An einer Weggabelung nehmen wir die linke Möglichkeit und wandern wieder weiter an den Bahnschienen entlang und durch eine Unterführung gegangen sind, folgen wir auf der anderen

Neanderthal
Weltberühmt ist das Neanderthal, denn hier wurde Menschheitsgeschichte geschrieben. Steinbrucharbeiter fanden 1856 in einer Höhle das Skelett eines Menschen. Es wurde als Überrest eines prähistorischen Menschen identifiziert. Die Lebenszeit des „Homo sapiens neanderthalensis" wurde auf ca. 200.000
bis 40.000 v. Chr. datiert. Auch später wurden noch sensationelle Funde gemacht. Im Neanderthal-Museum, einem der beliebtesten archäologischen Museen Deutschlands, können Sie sich umfassend informieren.

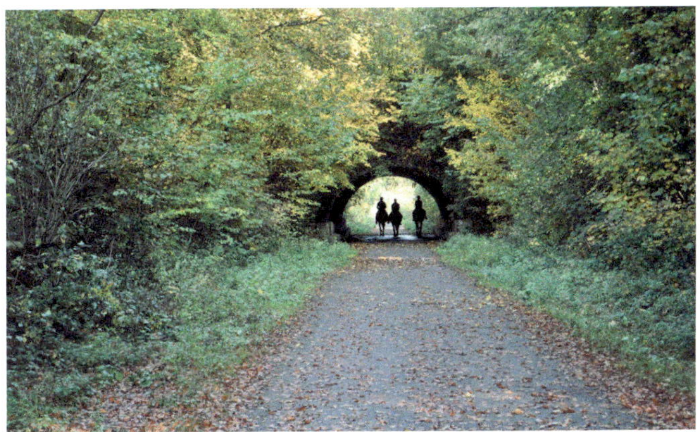

Nicht nur in Wanderschuhen, auch auf dem Pferderücken kann man das Bergische Land erkunden.

Seite der Beschilderung nach links und wandern dann über die Querstraße geradeaus den Bahnschienen entlang. Nach einer Weile verlassen wir die Bahnschienen und folgen unseren Weg gerade aus fort.An der Gabelung nemen wir den linken weg und folgen den Bahnschienenentland und durch eine Unterführung hindurch. Wir verlassen die Bahnschienen und folgen dem Hinweis (Gräfrath 7,4 km) nach rechts. Nach ca. 100 Metern verlassen wir die asphaltierte Straße und biegen links in einen schmalen Pfad ein, der uns durch Wiesen zu einem Wald führt. Wir laufen an diesem entlang, leicht den Berg hinauf. Bald stoßen wir auf eine stark befahrene Straße (B 228),wenden uns nach links, gehen an der Straße entlang bis wir zu einer Tankstelle kommen. Hier wenden wir uns abermals nach links, queren die Straße und gehen ein Stück an ihr entlang.Kurz darauf beginnt rechts ein Grasweg neben den Pflanzungen einer Baumschule. Wir treffen hier auch immer wieder auf Schilder des Neanderlandsteigs.

Nach dem Passieren einer Kleingartenanlage verlassen wir nach einiger Zeit die Baumschul-Pflanzungen und gehen geradeaus in einen kleinen Pfad hinein.Wir kommen an eine asphaltierte Straße, überqueren diese,gehen über eine Brücke und wandern an der Straße Westring entlang bis wir die Autobahn A46 unterqueren. An einer Ampel überschreiten wir über die Straße, um dann unseren Weg rechts weiter fortz setzen.An dem Schild „Grünes Band Korkenziehertrasse“ gehen wir auf einem asphaltierten Weg parallel zur Straße.An einem Rastplatz wenden wir uns nach links und bleiben auf dem Hauptweg, bis wir zu den ersten Häusern von Fürkelrath kommen. Hier wenden wir uns nach rechts (schlecht ausge-

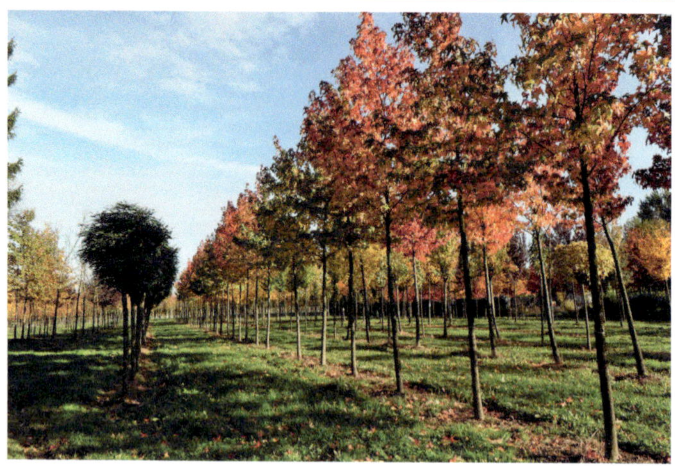

In Reih und Glied: die Bäume der Baumschule

wandern durch den Ort und gehen vor dem letzten Haus links in einen kleinen Pfad hinein, um uns dann nach einer kleinen Holzbrücke direkt nach rechts zu wenden. Nach einer Weile treten wir aus dem Wald hinaus auf eine asphaltierte Straße und folgen dem Schild „Gräfrath 3,4 km" nach links, um dann sofort den Fußweg nach rechts zu nehmen. Wir laufen durch einen schönen Wald. Hier finden wir abermals ein Schild, das widersprüchliche Aussagen macht: Man kann
sowohl geradeaus weiter gehen oder aber einem Schlenker nach links oben folgen. Beide Wege treffen nach kurzer Zeit wieder aufeinander.

Wir gehen weiterhin durch diesen stattlichen Wald entlang eines Bächleins, treten nach einer Weile aus dem Wald heraus und treffen auf eine Straße. Kurz darauf überqueren wir einen Bach und gehen an einem Schild links die Straße hinauf. An einer Doppelgarage betreten wir einen Fußgängerweg, der an einem Bach und an Wiesen entlangführt, bis wir an ein Haus mit Bruchsteinmauern kommen, gehen auf einem asphaltieren Weg geradeaus (Blumenthal) und haben es geschafft: Die ersten Häuser von Gräfrath sind erreicht. Wir treffen auf eine Straße, und folgen dieser in Richtung Gräfrath-Mitte. An einer T-Kreuzung wenden wir uns nach links, gehen durch eine Unterführung und stoßen auf die Wuppertaler Straße.

Diese überqueren wir, gehen geradeaus bis zur Straße „In die Freiheit", folgen dieser nach links und erreichen den schönen Ortskern von Gräfrath.
Hier endet die 3. Etappe des Bergischen Weges. Auch wenn satte 27,5 km hinter Ihnen liegen, nehmen Sie sich die Zeit und genießen Sie das malerische Gräfrath.

Übernachten in Gräfrath

❑ Hotel Gräfrather Hof
→ In der Freiheit 48
42653 Solingen-Gräfrath
Tel.: 0212-25800-0
www.hotel-graefratherhof.de

❑ ca. 1 km
→ Hotel Trafohaus
Garnisonsstraße 26
42653 Solingen-Gräfrath
Tel.: 0212-2591819
www.hotel-trafohaus.de

Taxi

❑ Taxi Reif; Tel.: 0212-2592384
❑ Taxi Buchbender
Tel.: 0212- 4006014

Tourismus-Information

❑ Tourist-Information
→ Cronenberger Str. 59–61
42651 Solingen (Gräfrath)
Tel.: 0212-2900
www.solingen.de

Sehenswertes

❑ Deutsches Klingenmuseum
→ Klosterhof 4
42653 Solingen-Gräfrath
Tel.: 0212-258360
www.klingenmuseum.de

❑ Kunstmuseum Solingen
→ Wuppertaler Straße 160
42653 Solingen-Gräfrath
Tel.: 0212-25814-0
www.museum-baden.de

❑ Neanderthal Museum
→ Talstraße 300
40822 Mettmann
Tel.: 02104-9797-0
www.neanderthal.de

4. Etappe: Gräfrath – Burg (23,4 km; 7 Std.)

Vorbei an Zeugen der Industrialisierung, unter Deutschlands höchster Eisenbahnbrücke hindurch, bis zu dem hoch über der Wupper thronenden Schloß Burg

Ausgangspunkt: *Gräfrather Marktplatz*

Anfahrt: Eingabe für Navigationsgerät: *In der Freiheit 48, 42653 Solingen-Gräfrath.* Oder mit den ÖPNV bis Haltestelle *Deutsches Klingenmuseum* oder *Gerberstraße,* plus 5 Minuten Fußweg.

Charakter: mittel (wegen einiger Anstiege).

Einkehr: Naturfreundehaus am Hülsberg, Haus Müngsten im Brückenpark, Schloss Burg.

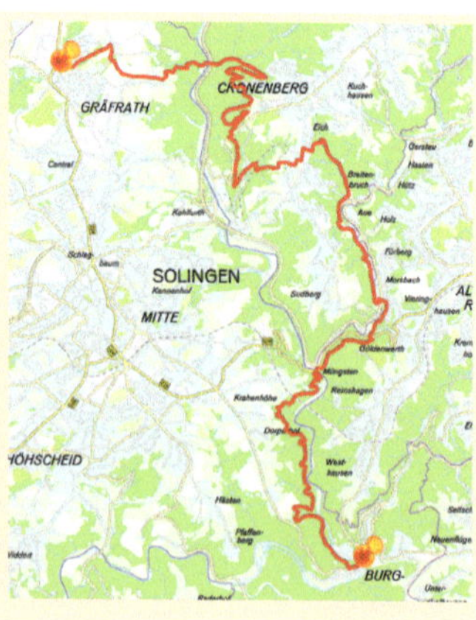

Los geht die 4. Etappe am *Gräfrather Marktplatz*. Wir gehen die Stufen hinauf und an der Kirche *St. Mariä Himmelfahrt* vorbei.

Wir erreichen die *Gerberstraße*, gehen diese ein paar Meter rechts hinunter, überqueren sie und wandern hinter einer Bushaltestelle links in einen Park hinein. Hinter einem Teich nehmen wir die rechte Abzweigung und lassen bald darauf einen *Kinderspielplatz* links liegen. Unser Weg wird zu einem breiten Waldweg. Eine Abzweigung nach rechts ignorieren wir und gehen bald darauf an einer Wegekreuzung geradeaus weiter. Links passieren wir ein Denkmal für gefallene Soldaten des 1. Weltkrieges und erreichen dann den *„Tierpark Fauna"*.

Hinter dem Parkplatz wenden wir uns nach rechts Richtung *Burg* (23 km). Geradeaus geht es zu einem imposanten Lichtturm: Er ist 38 Meter hoch, war früher ein Wasserturm und kann heute für besondere Veranstaltungen gebucht werden.

Wir wenden uns nach rechts, überqueren hinter dem Schild, das zur Jugendherberge weist, die Straße und biegen links in den Wald ein. Eine Abzweigung links führt uns leicht bergan, geradewegs auf eine Pferdekoppel zu. Da unser Weg über diese Koppel führt, müssen wir den Zaun an zwei Stellen öffnen. Hier wurden die Wegweiser des *Bergischen Weges* zerkratzt, so dass sie nicht mehr zu erkennen sind.

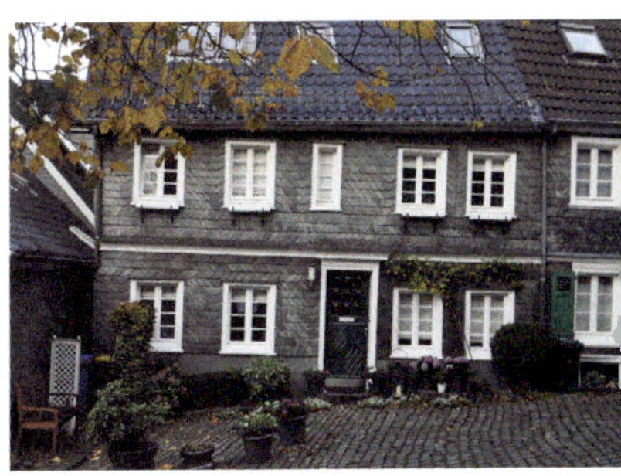
Typisch bergisches Schieferhaus in Gräfrath

Wir gehen weiter geradeaus und erreichen abwärts wandernd die ersten Häuser der Straße *Oben zum Holz*. Wir passieren die Häuser, bis wir uns nach links wenden. Bis Burg sind es von hier noch 21,9 km. Wir wandern weiter bergab, abzweigende Wege ignorieren wir. In einer Rechtskurve biegt unser Weg nach links ab. Nachdem wir ein kleines Bächlein, den *Flockertsholzer Bach*, überquert haben, führt uns unser Weg erst den Berg hinauf, und dann, nach einer T-Kreuzung, links wieder hinab. Auf einem breiten Waldweg wandern wir durch einen schönen Tannenwald. Wir bleiben nun einige Zeit auf dem Hauptweg, ignorieren alle abzweigenden Wege, bis wir zu einer Abzweigung nach links kommen. Dieser folgen wir auf einem kleinen Pfad hinab bis zu einer Betonbrücke, über die wir die Wupper überqueren. Anschließend wandern wir durch eine Unterführung unter einer Landstraße **(L 74)** hindurch.

Wir gehen weiter geradeaus, neben uns fließt der *Burgholzbach*. Alte Bruchsteinmauern erinnern an seine Bedeutung in der Zeit der Frühindustrialisierung.

Wir wandern geradeaus weiter bis sich unser Weg gabelt: Hier wählen wir den rechten Weg, der uns längere Zeit steil bergauf führt. Achten Sie einmal auf die verschiedenen Baumarten: Hier wachsen über 100 verschiedene Laub- und Nadelbaumarten!

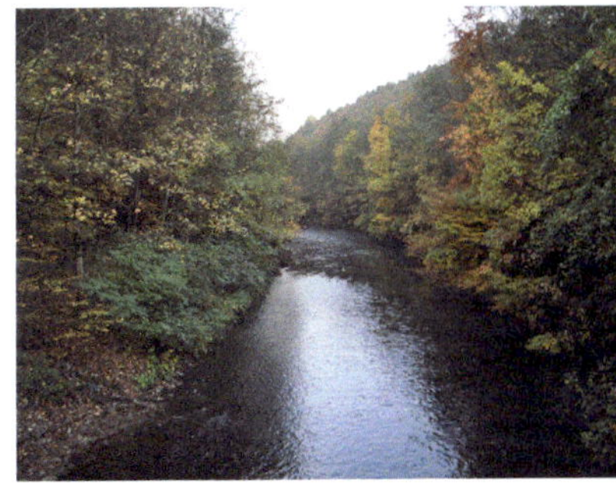
Die Wupper

Unser Weg zweigt nach rechts ab. Wir laufen eine Weile an einem Hang entlang. Der Weg kann hier allerdings, je nach Witterung, recht feucht sein. An einer Abzweigung nehmen wir den Weg links den Berg hinauf. Oben angekommen wenden

Arboretum Burgholz
Das Arboretum Burgholz (*arbor* lat. „Baum") ist, auf einer Fläche von etwa 250 Hektar und mit mehr als 100 Laub- und Nadelbaumarten aus der ganzen Welt, das flächenmäßig größte Anbaugebiet fremdländischer Baumarten in Deutschland. Auf drei kurzen Rundwanderwegen kann man Bäume aus Asien, Nordamerika und Europa erleben.

wir uns an einer T-Kreuzung nochmals nach links und an der nächsten Möglichkeit nach rechts. Wir erreichen die ersten Häuser von *Schwabenhausen*, treten aus dem Wald heraus und wandern auf einer asphaltierten Straße den Berg hinab, vorbei am *„Waldpädagogischen Zentrum Burgholz"*.

Von hier aus hat man einen schönen Blick auf den bergischen Wald. In einem großen Bogen wandern wir um den Wald herum, bleiben über längere Zeit auf dem Hauptweg und ignorieren abknickende Wege.

Nach einer Weile treten wir aus dem Wald hinaus und treffen auf die *Solinger Straße*, an der wir uns zunächst nach rechts wenden. Nach einigen Metern überqueren wir die Landstraße, denn unser Weg setzt sich links in den Wald hinein fort. Er gabelt sich: Wir bleiben rechts und gehen leicht bergab. Nach einigen Metern treffen wir auf eine asphaltierte Straße und wandern hier rechts den Berg hinunter. Wir befinden uns nun auf einer der Industriekulturrouten der Stadt Wuppertal: *„Fäden, Farben, Wasser, Dampf – Industriezeitalter im Wuppertal"*.

Hierzu gehört auch der *„Manuelskotten"*, der links von uns zwischen den Bäumen auftaucht.

Wir gehen hinunter zum Kotten, wandern am Staubecken entlang bis hinauf zur Haltestelle *Friedrichshammer*, einer Haltestelle der *Bergischen Museumseisenbahn*.

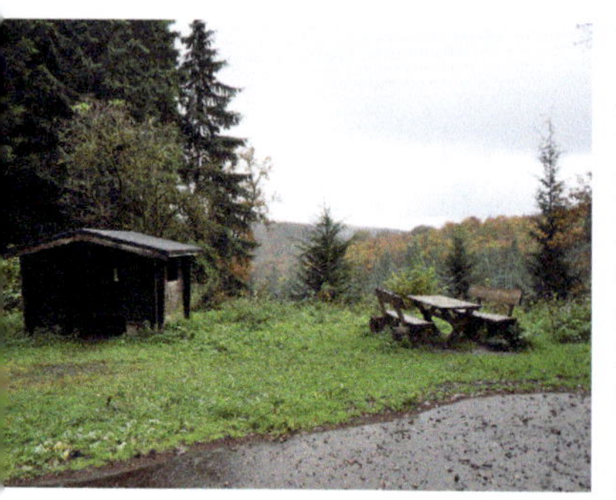

Eine Schutzhütte lädt zu einer Pause ein.

Wir überqueren die Gleise und setzen unseren Weg links in den Wald hinein fort. Der Weg führt leicht bergan. Nach einigen hundert Metern erreichen wir ein Naturfreundehaus: Hier kann man samstags und sonntags einkehren und bei Kaffee und Kuchen eine Rast einlegen.

Wir wandern am Gebäude vorbei und gehen weiter in Richtung *Burg* (14,2 km). Bald erreichen wir Bahnschienen, die wir überqueren und dann über die *Greueler Straße* bergauf in den Wuppertaler Stadtteil *Cronenberg* hineingehen. Abermals überqueren wir Schienen, wandern ein Stück an ihnen entlang, bis wir vor einem Mehrfamilienhaus rechts den Berg hinaufgehen. An einer größeren zweispurigen Straße, der *Berghauser Staße*, biegen wir links ab, überqueren sie vor einer Bäckerei und biegen in den *Realschulweg* ein, der uns leicht bergab führt. Unten angekommen, folgen wir dem Weg nach links, um kurz darauf vor einem Wohnhaus in den Wald abzubiegen. Ein Schotterweg führt uns bergab. Wir verlassen den breiten Waldweg und nehmen einen kleinen Pfad nach rechts. Hier finden wir auch immer wieder Markierungen des *Wuppertaler Rundwegs*, der mit einem „W“ gekennzeichnet ist.

Industriekulturroute

Die 13 Routen der Industrie- und Sozialgeschichte Wuppertals zeigen in ihrer Gesamtheit exemplarisch die Entwicklung der Industriestadt Wuppertal. An etwa 250 Gebäuden und Bauwerken befinden sich Tafeln, die die gewerbliche Entwicklung der Garnbleicherei und der Metallverarbeitung von den Anfängen bis zum Textil-, Chemie- und Maschinenbaustandort erläutern.

Manuelskotten

Die ehemalige wasserbetriebene Schleiferwerkstatt „Manuelskotten“ ist zwar eigentlich ein Industriemuseum und steht unter Denkmalschutz, ist aber trotzdem noch in Funktion, um das für das Bergische Land typische, wasserbetriebene Schleiferhandwerk lebendig zu halten. Heute werden hier noch für ein Werkzeugunternehmen Maschinenmesser nachgeschliffen.

Bergische Museumsbahn

Die Bergische Museumsbahn erinnert als eine der kleinsten Straßenbahnbetriebe der Welt an die abwechslungsreiche Geschichte der Straßenbahnen im Bergischen Land. Früher waren die Straßenbahnen in und um Wuppertal mit über 300 km das viertgrößte Streckennetz Deutschlands. Davon ist nicht mehr viel übrig geblieben: nur noch knapp 3 Kilometer sind die Museumsgleise heute lang. Insgesamt besitzt der ehrenamtlich arbeitende Verein 30 Fahrzeuge, wovon allerdings nur wenige zum Einsatz kommen. Ein Fahrplan informiert über Abfahrtstage und -zeiten.

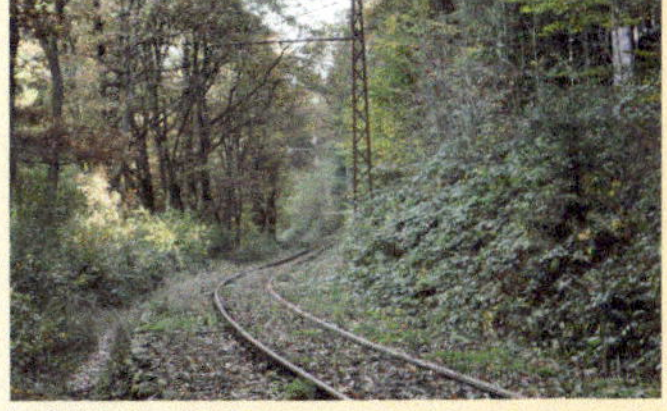

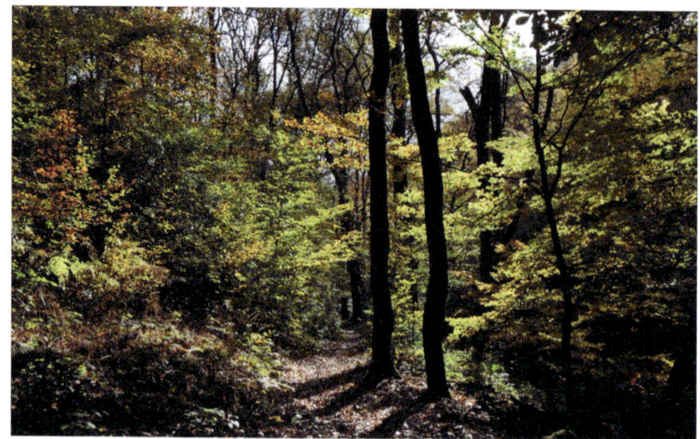

Wunderschöner Buchenwald

Unser Weg ist hier recht steil und kann im Herbst ziemlich rutschig sein. Wir wandern durch einen hellen Buchenwald, bis wir nach einer Weile ein kleines Staubecken passieren, das früher für Schmiedehämmer genutzt wurde und erreichen den *Rheinbach*. Um diesen überqueren zu können, müssen wir über ein paar dicke Steine balancieren, denn es gibt hier keine Brücke. Auf der anderen Seite des Baches geht es weiter durch den lichten Buchenwald immer am Bach entlang, bis wir wiederum über Steine einen weiteren Bachlauf queren.

Wir setzen unseren Weg fort, kommen an mehreren alten Staubecken vorbei und müssen abermals den Rheinbach überqueren. Eine alte Brücke ist leider eingestürzt und hilft uns nicht dabei; dafür kommen uns wieder Steine im Bachbett zur Hilfe. Wir setzten unseren Weg nach links fort, bis wir zu einer asphaltierten Straße gelangen, die wir links hinab wandern. Vor einer Straße mit einem Parkplatz geht unser Weg rechts weiter (Burg 11,6 km). Wir gelangen an einem kleinen Bach, den wir wiederum ohne Brücke überqueren und wandern dann entlang des *Morsbachs*, der sich zu unserer linken Seite befindet. An einem Steinkreis überqueren wir einen kleinen Bach – dieses Mal über eine kleine Holzbrücke. Hinter einem rot-weiß gestrichenen Drängelgitter gehen wir auf der asphaltierten Straße links den Berg hinab und erreichen nach kurzer Zeit die ersten Häuser von *Berg*. Wenn wir die Häuser hinter uns gelassen haben, führt uns der Weg rechts bergauf. An einem weiß geklinkerten Häuschen überqueren wir abermals einen Bach und setzen unseren Weg rechts bergan gehend fort. Wir treten aus dem Wald heraus, gehen am Waldrand auf der asphaltierten Straße rechts weiter. Bis *Burg* sind es von hier aus noch 9,8 km. Wir gehen weiter am schönen Morsbach entlang, wandern über eine kleine Holzbrücke, überqueren eine Landstraße und biegen hinter der Bushaltestelle *Bärenkuhle* rechts ein. Wir kommen an ein paar Häusern vorbei, wenden uns an einer Weggabelung nach links und wandern leicht bergauf. An der Straße *Gockelshütte* überqueren wir die Bundesstraße 229 und schrauben uns rechts ziemlich steil und anstrengend den Berg hoch. Unser Weg trifft auf einen größeren, dem wir rechts folgen, bis dieser sich gabelt und wir den rechten Abzweig wählen. Hier führt auch der *„Erlebnisweg Morsbach“* entlang. Eine Abbiegung ignorieren wir und setzen unseren Weg geradeaus fort: parallel zur Bundesstraße 226. An einer T-Kreuzung mit der Beschilderung *Zum Diederichstempel* lohnt sich ein Abstecher: Vom Tempel aus hat man einen grandiosen Blick auf die *Müngstener Brücke*. Unser Weg geht allerdings rechts weiter bis zur Bundesstraße. Hier angekommen wenden wir uns nach links, um direkt danach nochmals nach links abzubiegen. Wir gehen über eine gepflasterte Brücke mit schmiedeeisernem Gelände über die *Wupper*. Hinter der Brücke wenden wir uns nach links und wandern in Richtung *Müngstener Brücke* steil den Berg hinauf, bis wir auf einen Weg treffen, den wir links bergab folgen. Durch die Bäume kann man immer wieder einen Blick auf die *Müngstener Brücke* werfen, dem absoluten Highlight der heutigen Etappe.

Wir treffen auf einen breiteren Waldweg und setzen unseren Weg nach links fort. Hier findet man erste Attraktionen des *„Müngstener Brückenparks“*, der einen Besuch durchaus lohnt. Auf der Terrasse von *„Haus Müngsten“* kann man wunderbar rasten, sich stärken und die müden Knochen ausruhen.

Müngstener Brücke

Die Müngstener Brücke ist die höchste Eisenbahnbrücke Deutschlands. 107 Meter über der Wupper verbindet die Brücke die Städte Solingen und Remscheid. Die Stahlbrücke wurde 1897 als Wunderwerk der Ingenieurkunst eingeweiht. Zunächst hieß die Brücke „Kaiser-Wilhelm-Brücke“ zu Ehren Kaiser Wilhelm I., wurde später dann jedoch in „Müngstener Brücke“ umbenannt. Seit 2012 (bis voraussichtlich 2016) wird sie von der Deutschen Bahn AG saniert. Im Gespräch ist, daß die Müngstener Brücke in die Liste des UNESCO- Weltkulturerbes eingetragen wird.

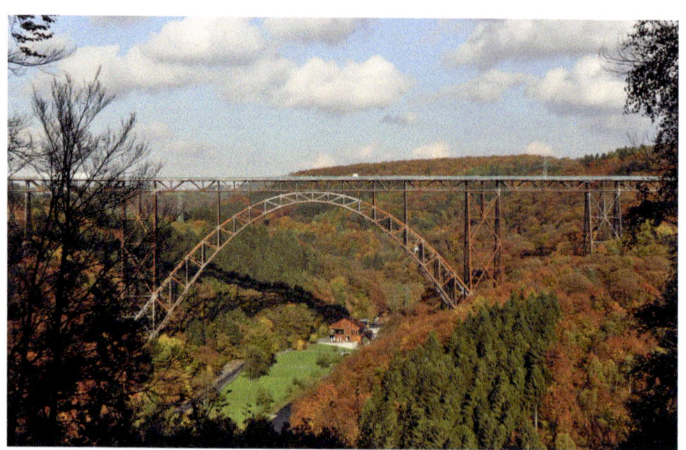

Die Müngstener Brücke – Deutschlands höchste Eisenbahnbrücke

Wir gehen unter der *Müngstener Brücke* hindurch, wählen direkt danach den rechten, leicht bergauf führenden Weg und erreichen einen Aussichtspavillon, von dem aus man einen unglaublichen Blick auf die Brücke hat.

Nach einer kurzen Rast setzen wir unseren Weg fort; bis *Burg* sind es von hier noch 5,1 km. Unser Weg teilt sich: Wir wählen den linken Abzweig, der uns leicht bergab führt und treffen auf einen breiten Waldweg, dem wir nach rechts folgen. Abzweigende Wege werden ignoriert. Nach ca. 2,5 km verlassen wir den Hauptweg und gehen, hinter einem Hinweisschild, nach rechts weiter. Wir wandern ein ganzes Stück an einer Wiese vorbei, um dann abermals in den Wald einzutauchen. Eine Abzweigung nach rechts übergehen wir und gelangen an eine Kreuzung. Von dort wandern wir links den Berg hinunter. Die Hinweisschilder verraten uns, dass es nun bis zu unserem Etappenziel nicht mehr weit ist (*Burg* 1,6 km). Und man sieht hier bereits durch die lichten Bäume Schloss Burg schimmern. Unser Weg teilt sich, wir folgen dem rechten Abzweig. Nach kurzer Zeit erreichen wir eine T-Kreuzung und entscheiden uns für die linke Möglichkeit. Schon hört man hier die Autos von *Burg* und erblickt die ersten Häuser. Wir treten aus dem Wald heraus und befinden uns unterhalb von Schloss Burg an der Seilbahn. (Ein Abstecher hoch nach *Schloss Burg* lohnt auf jeden Fall!) Wir überqueren die *Solinger Straße* und wenden uns nach links, überqueren die *Wupper* und haben das Etappenende erreicht.

Übernachten in Burg

- ca. 2,2 km
  ➤ Hotel Haus Niggemann*
  Wermelskirchener Straße 22–24
  42659 Solingen-Burg
  Tel.: 0212-41021
  www.hotel-niggemann.de

- ca. 2,2 km
  ➤ DJH Jugendherberge
  Solingen-Burg
  An der Jugendherberge 11
  42659 Solingen-Burg
  Tel.: 0212-41025
  www.solingen-burg.jugendherberge.de

Taxi

- Taxi-Zentrale Solingen,
  Tel.: 0212-12015

Tourismus-Information

- Die Bergischen Drei
  Kölner Straße 8
  42651 Solingen
  Tel.: 0212-88160665
  www.die-bergische-drei.de

Sehenswertes

- Museum Schloss Burg
  Schlossplatz 2
  42659 Solingen-Burg
  Tel.: 0212-2422611
  www.schlossburg.de

- Schleifermuseum Balkhauser Kotten
  Balkhauser Kotten 2
  42659 Solingen
  Tel.: 0212-3835453

* Zertifizierter Gastgeber Bergisches Wanderland

5. Etappe: Burg – Altenberg (26,3 km; 8 Std.)

Von der Wiege des Bergischen Landes zum Bergischen Dom

Ausgangspunkt: Unterburg in Schloss Burg.
Anfahrt: Eingabe für's Navi: *Hasencleverstraße* in *Solingen*. Hier gibt es verschiedene Parkmöglichkeiten. Oder mit dem ÖPNV bis Haltestelle *Burg Seilbahn*.
Charakter: anspruchsvoll (vor allem aufgrund der Länge), einige steile Anstiege.
Einkehr: in Unterburg und in Altenberg zahlreiche Einkehrmöglichkeiten, Biergarten am Tierheim.

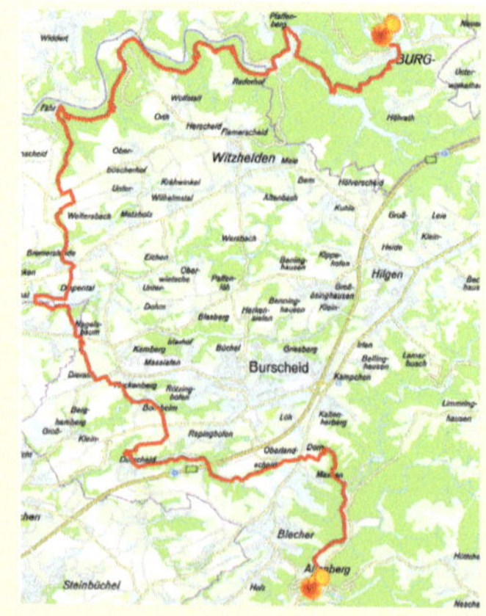

Weiter geht's in *Unterburg*. Wir wandern an der *Hasencleverstraße* am linken Ufer der *Wupper* entlang, bis wir hinter einer Brücke rechts in die Schlossbergstraße einbiegen und uns dann schräg links halten. Wir wandern an *„Café Meyer"* und *„Haus Schlossberg"* (geschlossen) vorbei. Einige Meter weiter gabelt sich die Straße: Wir gehen nach rechts, folgen den Hinweisschildern und wandern auf einem schmalen Pfad unter der Seilbahn hindurch auf der anderen Seite der *Wupper* weiter.

Schnell haben wir *Unterburg* verlassen; unser Weg verläuft nun im Wechsel bergauf und bergab an Felswänden entlang. Unter uns plätschert die *Wupper* vor sich hin. Nach einigen hundert Metern erreichen wir eine Kreuzung im Wald, an der wir geradeaus weiter leicht bergauf gehen Richtung *Sengbachtalsperre*. Wir bleiben nun über längere Zeit auf diesem Hauptweg (abzweigende Wege ignorieren wir), bis wir auf einen asphaltierten Weg mitten im Wald treffen, dem wir nach rechts folgen. Er geht nach einiger Zeit auf einen breiten Waldweg über. Bald darauf biegen wir links in einen kleinen Pfad ein. Das Hinweisschild am Baum ist hier nicht ganz eindeutig. Über einen leicht bergab führenden Hohlweg gelangen wir an die rechte Seite der Staumauer der *Sengbachtalsperre*. Auch wenn uns unser Weg eigentlich weiter nach rechts führt, lohnen sich die paar Meter links zur Talsperre um einen Blick auf die schöne Staumauer und das Gewässer zu werfen.

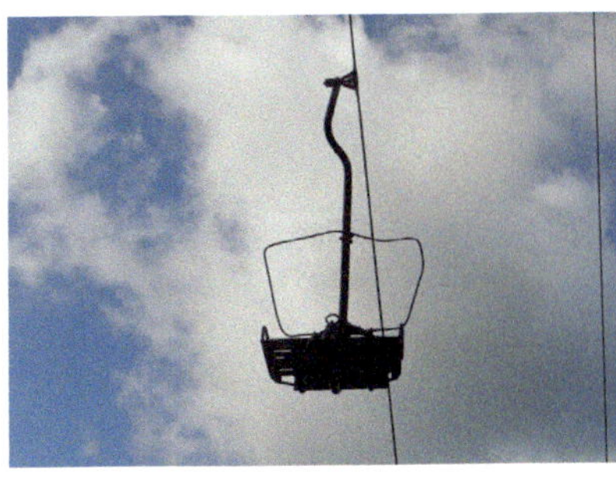

Die Seilbahn bringt Ausflügler bequem nach Schloss Burg.

Wir setzen unseren Weg auf einem breiten Waldweg fort und erreichen bald eine Schutzhütte. Unterwegs treffen wir hier immer wieder Mountainbiker und Jogger. Wir passieren eine Photovoltaikanlage der Waldschule der Stadt Solingen. Bis *Glüder* sind es von hier aus noch 2 Kilometer. Unser Weg ist weiterhin ein breiter Waldweg. Wir passieren nochmals eine Schutzhütte. Eine Abzweigung nach rechts ignorieren wir und kommen bald am Waldhaus *„Strohn"* vorbei und am *„Wasserwerk Glüder"*, das 1903 erbaut wurde.

Auf der asphaltierten Straße erreichen wir eine Brücke und überqueren die *Wupper*. Wir erreichen ein Tierheim: Das laute Hundegebell ist schon von weitem zu hören. Abermals passieren eine Schranke, überqueren die *Wupper* und wandern in den Wald hinein, bis wir nochmals eine Brücke überqueren. Hinter der Brücke wählen wir den schmalen Weg, der links den Berg hinauf führt. Nach einigen Metern zweigt ein Weg nach rechts ab: Diesen nehmen wir allerdings nicht, sondern bleiben auf unserem Hauptweg. Wir wandern an einem Hang entlan;, unter uns plätschert die *Wupper*. Wir wenden uns auf einer gepflasterten Straße nach rechts und direkt vor einem Parkplatz nach links zum *Café-Restaurant „Landhaus Glüder"* mit Minigolfanlage und Waldcampingplatz. Die *„Campingklause"* mit Biergarten eignet sich gut für eine Rast. Von dort wenden wir uns nach links. Bis *Rüdenstein* sind es noch 5,2 Kilometer. Nachdem wir letztmals die *Wupper* überquert haben, wechseln wie die Straßenseite und gehen direkt hin-

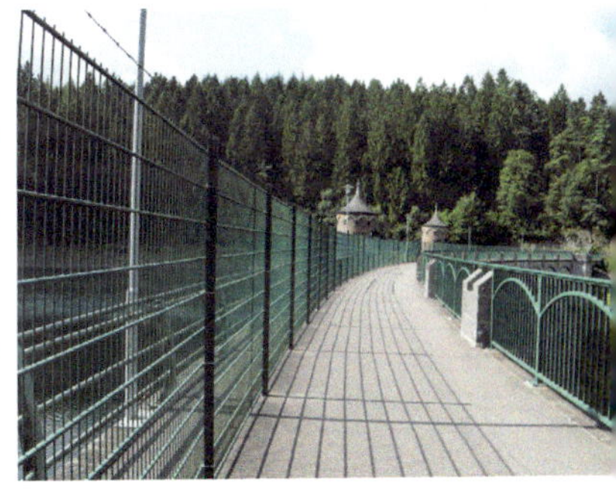

Staumauer der Sengbachtalsperre

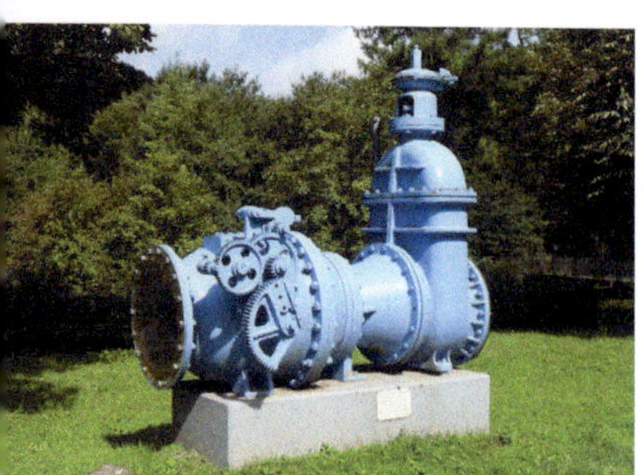

Wasserwerk Glüder – Armaturen aus der Entnahmeleitung der Sengbachtalsperre

ter der Brücke rechts einen schmalen Weg entlang, bis wir den *Böckelchenbach* überstiegen haben und betreten dann sofort rechts einen recht schmalen Weg, der durchsetzt ist von Steinen und Wurzeln. Er führt uns zunächst stetig bergauf. Zur Rechten fällt er stark ab. Wir überqueren ein Bächlein mit einer stark renovierungsbedürftigen Brücke und setzen unseren Weg dann auf einem schmalen Pfad an Felsen vorbei fort.

Nach einiger Zeit geht es ziemlich steil bergab: Wir folgen den Hinweisschildern Richtung *Rüdenstein* (3,3 km), bis wir links abbiegen und dann nochmals über eine marode Brücke einen kleinen Bach überqueren müssen. Man kann nur hoffen, daß sie hält! Ansonsten kann man aber den Bach auch zu Fuß bezwingen. Nach einiger Zeit folgt ein sehr steiler Anstieg den Berg hinauf Richtung *Wupperhof*. Wir folgen den Hinweisschildern und ignorieren abzweigende Wege. Nachdem wir eine stark benutzte Reitstrecke entlang gegangen sind, geht es bergab. Nach einem längeren Abstieg gelangen wir zum *Landgasthaus „Wupperhof"* mit Wanderparkplatz. An der Straße gehen wir links leicht bergan entlang, bis links ein kleiner Pfad bergauf abzweigt. Wie wandern eine ganze Zeit parallel zur Straße bis wir zu einer T-Kreuzung kommen und dort rechts abbiegen. Wir überqueren die Straße und nehmen einen kleinen Weg bergab. Bei dem Weg handelt es sich um einen Reitweg der Stadt *Leichlingen*. An einer alten Brücke, die wir – Gott sei Dank – nicht überqueren müssen, halten wir uns links und waten über den Bach. Auf der anderen Bachseite geht es rechts weiter. Bald führt uns unser Weg durch hüfthohes Gras und Gestrüpp und wir erreichen den *„Rüdenstein"* – ein Denkmal mit einem steinernen Hund mitten im Wald.

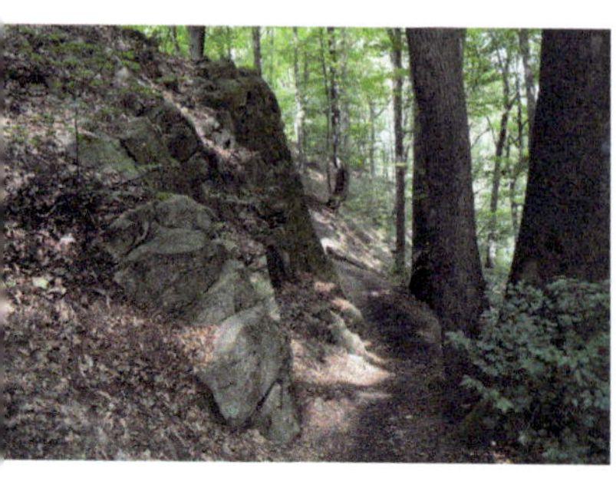

An Felsen vorbei führt uns der Bergische Weg.

Wir gehen am Denkmal vorbei

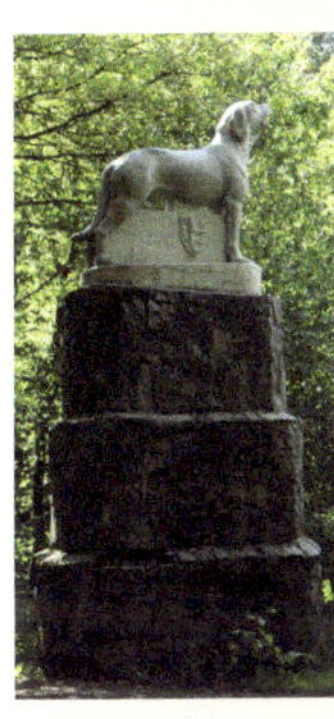

Rüdenstein

Der Legende nach stürzte Robert von Berg, ein Jungherzog aus dem Herzogtum Berg, an einem Wintertag des Jahres 1424 bei einer Hirschjagd von seinem Pferd und verletzte sich. Die übrige Jagdgesellschaft merkte nichts von seinem Missgeschick. Nur sein Hund, ein Rüde, eilte den begleitenden Jägern nach, machte sie durch aufgeregtes Bellen aufmerksam und rettete dem Jungherzog somit das Leben. Aus Dankbarkeit stellte er hier, mitten im Wald, ein Denkmal für seinen Hund auf. 1927 wurde es, nachdem es, der Sage nach, bei einem Sturm im 17. Jahrhundert in die Wupper geweht wurde, erneut errichtet.

und setzen unseren Weg bergab fort. Der Weg ist hier mit einem Geländer gesichert und führt über eine kleine Bachbrücke. Wir wenden uns auf der anderen Bachseite nach links und wandern den Berg hinauf. An einer nicht markierten Stelle kann man sowohl geradeaus als auch nach links weiterwandern: Wir müssen uns links halten; die Wegmarkierung des *Bergischen Weges* erblickt man erst hinter der Kurve. Hier hat man die Wahl: Entweder man wandert steil den Berg hinauf oder man entscheidet sich für die etwas weniger anstrengenden Kehren. Wir wandern den kleinen Pfad weiter bis wir auf einen breiten Wirtschaftsweg treffen, dem folgen wir nach rechts, bis zu einem Rastplatz, der sich wunderbar für eine längere Pause eignet.

Ein schöner Blick auf *Ober- und Unterrüden* und ins Bergische Land belohnt uns für unsere Anstrengungen.

Wir setzen unseren Weg rechts abknickend, den Hinweisschildern entsprechend, fort bis wiederum rechts ein schmaler Weg bergab abknickt. Nun geht es in Kehren den Berg hinunter. Unten angekommen, betreten wir eine asphaltiere Straße; links von uns liegen einige Häuser. Wir laufen diese Straße rechts weiter bergab, um dann links in den Wald abzubiegen. Dieser breite Weg folgt einem Bach. An einer Kreuzung im Wald gehen wir geradeaus weiter. Nach einer längeren Zeit verlassen wir den Wald und wandern zwischen Wiesen und Feldern hindurch, bis wir an eine Landstraße *(L 359)* gelangen. Hier biegen wir nach links ab, wandern ein Stück an der Straße entlang und biegen dann rechts in die Straße *St. Heribert* ein. Hier hat man wundervolle Fernblicke auf die Kölner Bucht und, bei klarer Sicht, bis zum Kölner Dom. Wir wandern jetzt zwischen Feldern hindurch, bis wir an der ersten Kreuzung rechts abbiegen.

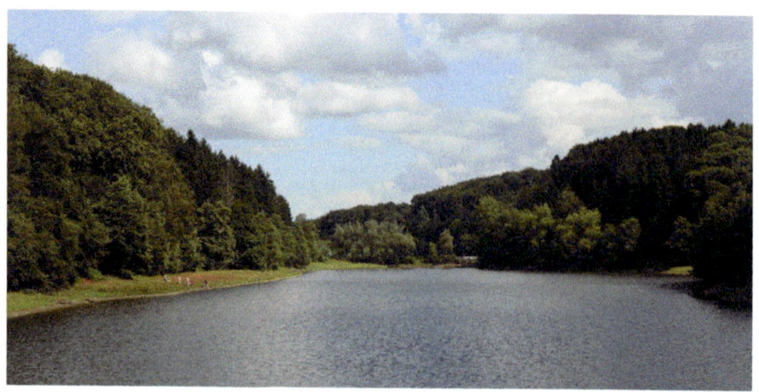

Die Diepentalsperre – kleiner Stausee ohne Staumauer: ein Straßendamm trennt Haupt- und Vorsperre.

Nachdem wir einige Häuser passiert haben, biegen wir in den Wald ab und betreten ein Naturschutzgebiet. Nach wenigen Metern gabelt sich der *Bergische Weg*: Wir wählen die rechte Möglichkeit. Nach einigen Metern gabelt sich der Weg erneut: Hier wählen wir die linke Möglichkeit, gehen den Berg hinab und mittels einer behelfsmäßigen Holzbrücke queren wir einen kleinen Wasserlauf. Nun geht es über längere Zeit auf einem schmalen Pfad in sanften Wellen leicht bergauf und bergab durch den Wald, bis sich unser Weg gabelt. Wir wandern den rechten Abzweig entlang, der uns bergab führt. Nach kurzer Zeit erreichen wir die nächste Gabelung: Auch hier wählen wir den rechten Abzweig. Und nochmals, an der nächsten Gabelung, wählen wir wiederum die rechte Möglichkeit, und nähern uns einer Kreisstraße *(K 9)*. Wir folgen dieser nach links bis an eine Kreuzung in der Ortschaft *Bremersheide*, an der wir nach rechts abbiegen und der Landstraße *L 294* folgen. Nach kurzer Zeit überqueren wir die *L 294* und biegen links in die Straße *Planenhof* ein *(Altenberg 12 km)*, die uns auf einem asphaltierten Weg zwischen Feldern hindurch führt bis wir die *Diepentalsperre* erreichen. Dort finden wir eine Minigolfanlage, ein Restaurant und einen Kiosk. Hier hat man die Wahl: Entweder wir umrunden vor dem Staudamm nach rechts abknickend die *Diepentalsperre* oder wir setzen unseren Weg geradeaus über den Damm fort. (Der Rundweg um den See dauert ca. 20 Minuten.)

Egal wie wir uns entscheiden: Wir setzen unseren Weg fort, indem wir den Parkplatz überqueren, auf dem asphaltierten Weg bleiben und rechts den Weg bergauf in den Wald nehmen. Wir erreichen die Ortschaft *Linde*, wandern die *Lindenstraße* entlang, bis wir die *Burscheider Straße* erreichen, dieser nach links folgen und an einer Fußgängerampel überqueren. In der Gaststätte *„Zur Linde"* kann man einkehren. Vor einer Bushaltestelle biegen wir zwischen Häusern auf einen kleinen Pfad nach rechts ab *(Altenberg 10,9 km)*. Durch eine Unterführung gehen wir unter einer ehemaligen Eisenbahnstrecke her. Diese wird als *„Panoramaradweg Balkantrasse"* genutzt. Auf der anderen Seite gehen wir zwischen Kuhwiesen an Stacheldrahtzäunen vorbei.

Wir erreichen eine Kreuzung mit mehreren Abzweigungen: Hier wenden wir uns nach rechts und folgen unseren Wegweisern bis wir *Dierath* erreichen. An der ersten Möglichkeit wenden wir uns nach links *(Altenberg 8,6 km)* und biegen hinter dem *Feuerwehrhaus* rechts ab. Wir wandern an einer *Grundschule* vorbei; unser Weg verläuft nun leicht abschüssig zwischen Feldern hindurch. Nach ca. 150 m biegen wir vor einem Zaun links ab. Unser Weg ist hier leider mit Stacheldraht versperrt, trotzdem müssen wir diesen überwinden. Über Koppeln und Wiesen geht es weiter. Hinter einem Absperrgitter für Tiere geht es auf einem schmalen Pfad wieder in den Wald hinein. Hier kann es je nach Witterungslage sehr matschig sein! Der *Bornheimer Bach* begleitet uns durch den Wald bis wir ein großes Grundstück umrunden und *Bornheim* erreichen.

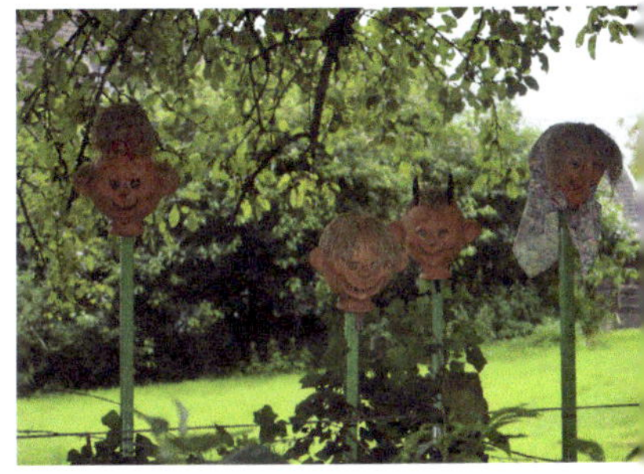

Unterwegs gibt es Kurioses zu entdecken: Gartenwächter.

Wir verlassen die Straße *Bornheim* und biegen links ab. Unser Weg geht an Häusern, Gärten und Wiesen vorbei bis wir wieder den Wald auf einem breiten Weg betreten. Nach wenigen Metern im Wald gabelt sich der Weg: Hier sind keine eindeutigen Markierung angebracht. Wir müssen uns rechts halten. Nachdem wir den Wald durchquert haben, wandern wir einen Wiesenweg entlang, gelangen an eine asphaltierte Straße *(L 58)*, die wir überqueren und dann in den Weg *Niederrepinghofen* einbiegen. Von hier aus hat man bei guter Sicht einen hervorragenden Blick auf die Kölner Bucht, einschließlich Fernsehturm und Kölner Dom. Wir erreichen eine Abbiegung: Auch hier ist nicht ganz klar, in welche Richtung es weiter geht. Wir müssen uns aber rechts halten und wandern zwischen Feld und Wiese entlang. Hinter einem gelben Pfosten geht es quer über eine

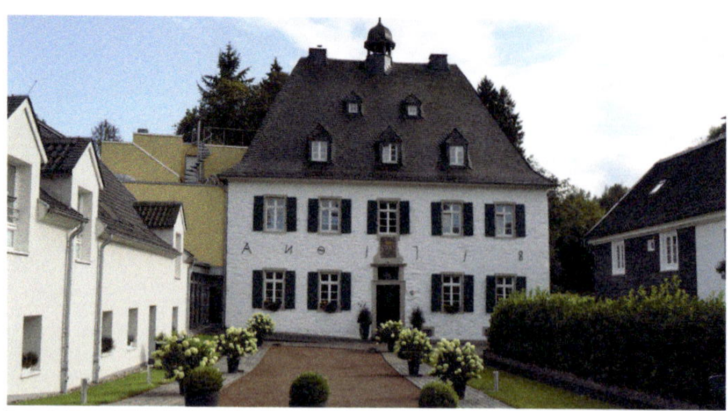

Gut Landscheid – früher Rittersitz, heute Hotel

Wiese weiter. Beim nächsten gelben Pfosten wenden wir uns nach rechts und wandern an einer Brombeerhecke entlang. Den nächsten Wegweiser entdecken wir an einem Baum und bahnen uns durch hohe Brennesseln hindurch den Weg links in den Wald hinein. Wir durchqueren ihn leicht abwärts, treten bald darauf wieder aus dem Wald heraus, wandern an Hecken und Zäunen entlang und gehen auf ein Fachwerkhaus zu. Hier wenden wir uns nach rechts und wandern an der *Dürscheider Straße* auf eine Ansiedlung zu. Vorher geht es jedoch nach links auf einen schmalen Reitweg und in ein kleines Wäldchen hinein. Kurz darauf gabelt sich der Weg: Wir wählen die linke Möglichkeit. Links neben uns plätschert der *Wiembach.* Wir überqueren ihn auf einer kleinen Brücke und gehen geradeaus weiter. Kurz darauf kommen wir zu einer Kreuzung und wählen den Weg links bergab, um kurz darauf geradeaus am Waldrand weiter zu wandern. An einem eingezäunten Grundstück wandern wir rechts vorbei. Wir unterqueren bald darauf die *Autobahnbrücke* der Autobahn *A1* und erreichen etwas später eine asphaltierte Straße, an der wir uns nach rechts wen-den. Wir gehen am Hotel Restaurant *„Gut Landscheid"*, einem ehemaligen Rittersitz, vorbei *(Altenberg 4,8 km)* und biegen vor dem Parkplatz links ab.

Neben uns murmelt ein Bach. Wir wandern zunächst am Waldrand, dann zwischen Wiesen und Feldern hindurch und erreichen eine asphaltierte Straße, der wir nach rechts in den kleinen Ort *Sträßchen* hineinfolgen. Wir überqueren die *B51* und wenden uns in *Sträßchen* der Beschilderung entsprechend nach links, überqueren die Straße und gehen rechts in eine

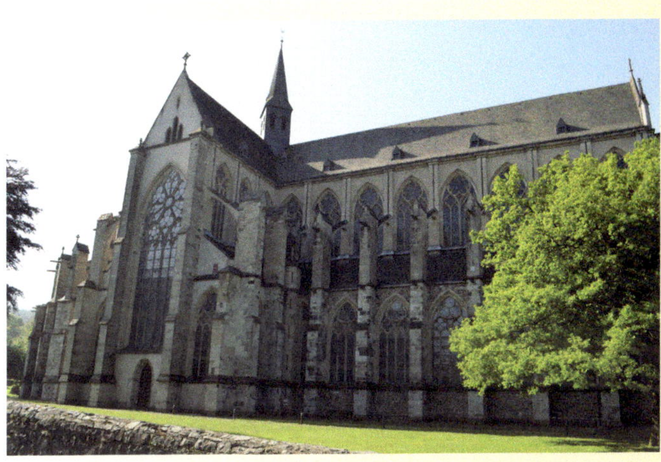

Altenberger Dom

Schon seine Lage ist einmalig: Umgeben von Wäldern liegt der Altenberger Dom, eine der schönsten gotischen Kirchen Deutschlands, in einem sanften Tal. Der Dom wurde zwischen 1259 und 1397 von Zisterziensermönchen nach französischem Vorbild errichtet. 1803 wurde das Kloster aufgelöst, als Fabrik genutzt und bei einem Brand stark beschädigt. Der Preußische König finanzierte zwischen 1836 und 1848 den Wiederaufbau. Seitdem wird der Altenberger Dom von beiden christlichen Konfessionen genutzt. Das um 1400 hergestellte Westfenster ist mit seinen 8 x 18 Metern das größte Kirchenfenster nördlich der Alpen.

Straße hinein. Wir folgen dem Schotterweg an Feldern vorbei, bis wir an Versuchsflächen der Firma Bayer vorbei kommen.

Unser Weg führt uns nach links. Unser Schotterweg geht leicht den Berg hinab und schlängelt sich im Wald am *Handscheiderbach* entlang. An einer Kehre zweigt unser Weg nach rechts ab und wir wandern das *Eifgenbachtal* entlang. Wir erreichen zwei Brücken, betreten allerdings nur die erste und folgen dem *Eifgenbach*. Der Weg durch das *Eifgenbachtal* ist wunderschön: enge Wege, an Felsen entlang, der gurgelnde Bach immer in der Nähe.

Wir treten bald aus dem Wald heraus, folgen einer asphaltierten Straße den Berg hinauf *(Altenberg 0,6 km)*, gehen an einem *Märchenwald* vorbei und erreichen auf einem breiten Gehweg den *Altenberger Dom*.

Wir haben unser Etappenende erreicht!

Übernachten in Altenberg

- 0 km
  ➤ Hotel Restaurant
  Altenberger Hof*
  Eugen-Heinen-Platz 7
  51519 Odenthal-Altenberg
  Tel.: 02174-4970
  www.altenberger-hof.de

- ca 500 m
  ➤Restaurant Wisskirchen *
  Am Rösberg 2
  51519 Odenthal-Altenberg
  Tel.: 02174-6718-0
  www.hotel-wisskirchen.de

- ca. 2 km
  ➤ Privatzimmer Pfäffgen*
  Eifgenstraße 38
  51519 Odenthal
  Tel.: 92174-40104
  www.eifgen-sauna.de

Taxi

- Taxi Bensch, Tel.: 02202-97271

Tourismus-Information

- i-Punkt Altenberg
  Eugen-Heinen-Platz 2
  51519 Odenthal
  Tel.: 02174-419950
  www.altenberg-info.de

Sehenswertes

- Deutscher Märchenwald
  Märchenwaldweg 15
  51519 Odenthal-Altenberg
  Tel.: 02174-4533
  www.deutscher-maerchen-wald.de

- Altenberger Dom
  Eugen-Heinen-Platz
  51519 Odenthal-Altenberg
  www.altenberger-dom.de

- St. Pankratius
  Altenberger-Dom-Straße 51
  51519 Odenthal
  Tel.: 02202-79805
  www.pankratius-odenthal.de

* Zertifizierter Gastgeber Bergisches Wanderland

6. Etappe: Altenberg – Bensberg (18,2 km; 6 Std.)

Vom Altenberger Dom durch eine abwechslungsreiche Landschaft zum Barockschloss Bensberg

Ausgangspunkt: *Altenberger Dom*
Anfahrt: Eingabe für das Navigationsgerät: *Am Rösberg, 51519 Odenthal*, dann kurzer Fußweg durch die Unterführung bis zum *Altenberger Dom*. Oder mit dem ÖPNV bis Haltestelle *Altenberg*, dann kurzer Fußweg bis zum *Altenberger Dom*.
Charakter: leicht, drei steilere Anstiege, größtenteils Waldwege.
Einkehr: Altenberg, Scheuren, Herrenstrunden, Naturfreundehaus Hardt, Moitzfeld.

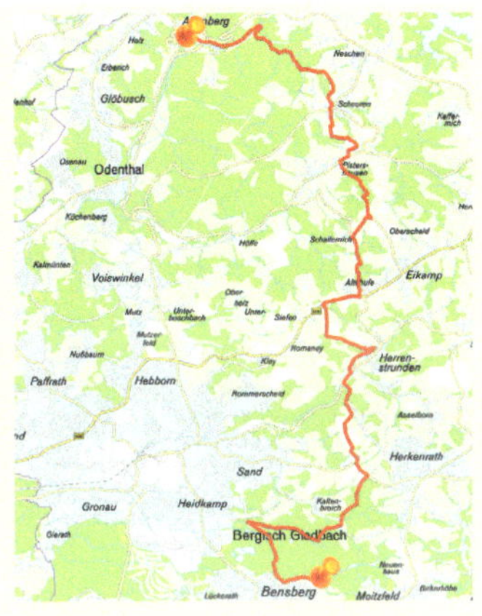

Die 6. Etappe des Bergischen Weges startet am *Altenberger Dom*. Vor dem Westwerk des Doms mit seinem herrlichen Fenster beginnen wir die Etappe des Bergischen Weges in Richtung *Bensberg* (22,2 km). Wir gehen über einen kopfsteingepflasterten Weg (*Zu den Teichen* oder auch *Theodor-Heuss-Päddche*) an einem Mäuerchen entlang, das den Altenberger Dom umgibt, wandern um den Dom herum und gehen links durch eine Unterführung. Hier kann man einen Abstecher zu einem ca. 500 Meter entfernten Felssporn oberhalb des Flüsschens *Dhünn* machen, wo früher die *Burg* des Adelsgeschlechts der Grafen von Berg stand.

Wir gehen leicht bergan zur *Neschener Straße* (L 310), wandern diese ca. 50 Meter entlang, um dann rechts in Richtung *Kultur- und Waldlehrpfad* abzubiegen. Wir überqueren einen Wanderparkplatz und gehen den kleineren Weg geradeaus in den Wald hinein, linkerhand an Teichen vorbei. Diese Fischteiche legten die Mönche der Abtei Altenberg bereits im 13. Jahrhundert zwecks Selbstversorgung an. Wir treffen ab hier immer wieder auf Info-Tafeln des *Kultur- und Waldlehrpfades*. Einen nach links abzweigenden Weg ignorieren wir, setzen unseren Weg entlang des *Pfengstbaches* geradeaus weiter fort und betreten bald das Naturschutzgebiet *„Pfengstbachtal“*.

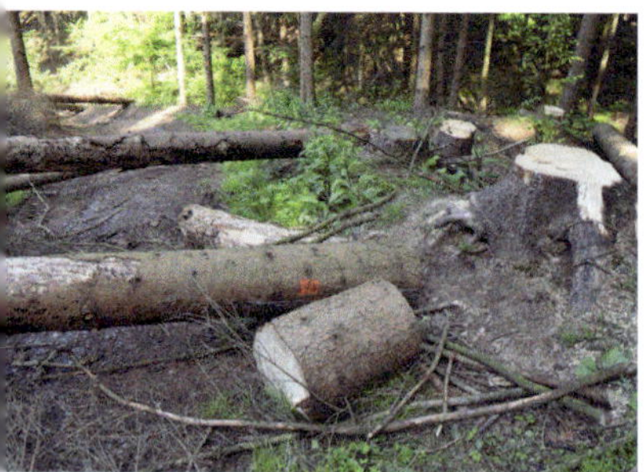

Tja, auch so verschwinden Markierungen des Bergischen Weges …

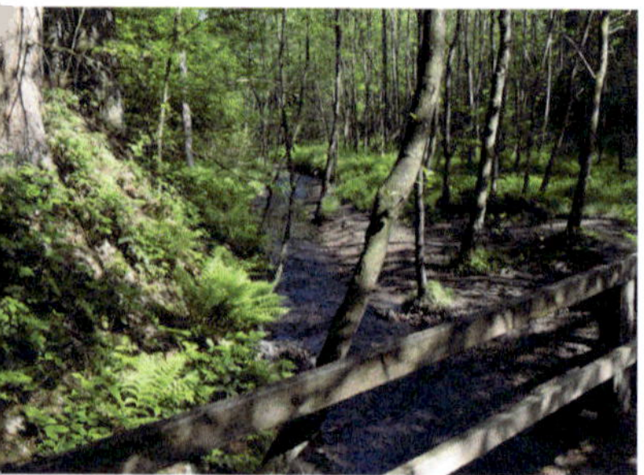

Im Naturschutzgebiet Pfengstbachtal

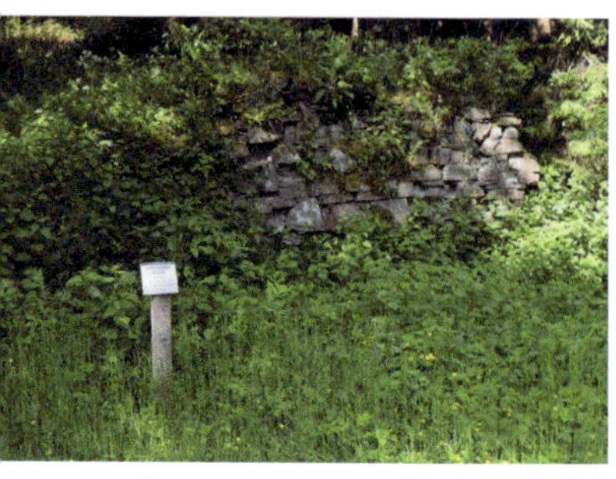

Nur noch eine alte Bruchsteinmauer erinnert an die einstige Mühle.

Wir bleiben auf unserem breiten Waldweg und ignorieren eine Abzweigung nach links. Nach einer Weile treffen wir auf einen Holzweg, der an manchen Stellen schon recht morsch erscheint, und wandern über eine kleine Brücke.

Über Treppenstufen geht es bergauf bis sich unser Weg gabelt: Wir wenden uns nach links und erreichen auf einem breiten Waldweg (das Hinweisschild nach *Neschen* beachten wir nicht) die Überreste der *„Spezarder Mühle“*.

An einer Gabelung mit einer Bank wandern wir links am ehemaligen Mühlenteich vorbei und überqueren mit einem großen Schritt das aus dem Mühlenteich abfließende Wasser. Nach einigen hundert Metern gabelt sich unser Weg wiederum: Wir wählen die linke Abzweigung, wandern leicht bergab und über eine kleine Brücke über den Bach. Unser Weg wird schmaler und schlängelt sich zwischen Wald, Waldrand und Wiese entlang. (Abzweigungen nach links oder rechts beachten wir nicht weiter.) Hier kann der Weg – je nach Witterung – sehr matschig sein. Nach dem Überqueren einer kleinen Brücke erreichen wir die ersten Häuser des Ortes *Scheuren*. An der *Scheurener Straße* wandern wir nach rechts (Bushaltestelle) und kommen am Café-Restaurant *„Heuser“* vorbei. (Der hübsche Biergarten hinter dem Haus lädt zu einer ersten Pause ein!)

Nach kurzer Zeit biegen wir

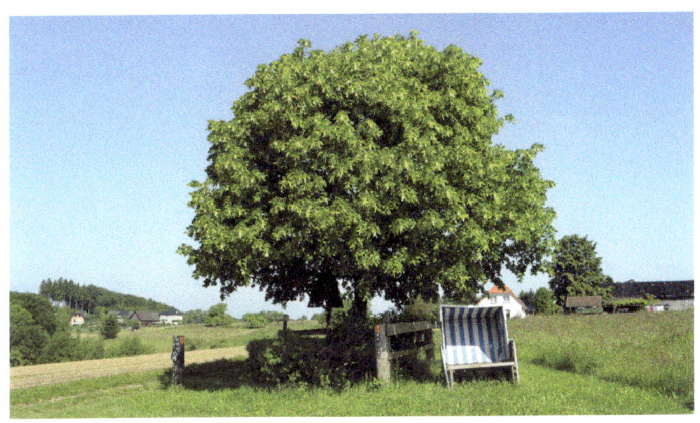

Sicherlich einer der ungewöhnlicheren Rastplätze des Bergischen Weges

links in den Weg *Wirtsspezard* ein, wandern an Häusern und einer Bonsai-Schule vorbei, lassen dann den Ort hinter uns und genießen einen fantastischen Blick ins Bergische Land. Hinter einer Kuhwiese biegen wir rechts ab auf einen Feldweg, bis wir an einen stattlichen Baum mit Kreuz und Strandkorb (!) gelangen.

Hier wenden wir uns nach links, wandern zwischen Feld und Wiese weiter bis zum Waldrand und durchwandern nun das *Scherfbachtal*. Am Waldrand geht es zunächst links weiter, dann bergab zwischen Wiesen und Feldern hindurch bis zu einer asphaltierten Straße. Am *Mühlenteich* biegen wir nach links ab und folgen dem Weg bis zur Landstraße. Hier wenden wir uns nach rechts, wandern an der Bushaltestelle *Pistershausen* vorbei, überqueren die Straße und biegen links in die Straße *Am Steinhauser Busch* ein. Der asphaltierte Weg schlängelt sich leicht bergauf an Häusern vorbei in den Wald hinein. Eine Abzweigung nach links ignorieren wir und wandern auf dem Hauptweg weiter: Der breite Waldweg steigt stetig bergauf. Nach diesem doch recht langen Anstieg wandern wir auf der gelichteten Höhe auf dem Waldweg weiter (einen abzweigenden Weg beachten wir nicht), bis wir eine kleine asphaltierte Straße erreichen (Bushaltestelle). Wir wandern rechts an der Straße entlang *(Bensberg 15,2 km)* in die Ortschaft *Schallemich* hinein, biegen links in die erste Straße ein und dann bergab hinter einem Teich wieder links. Wenige Meter dahinter überqueren wir einen Bach, gehen auf einem Schotterweg auf einen Wald zu und an diesem entlang, bis wir vor einigen Häusern links hoch wandern

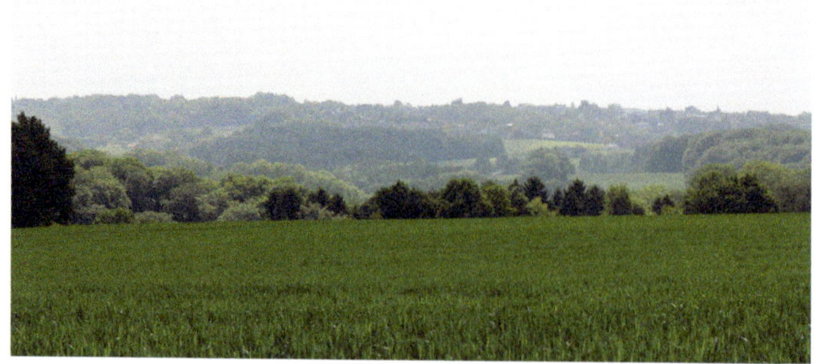

Saftig grüne Felder, hügeliges Land – das ist das Bergische!

und den Wald betreten. Auch hier kann es – je nach Witterung – recht matschig werden. An einer kleinen Lichtung geht es geradeaus weiter und an einem Zaun vorbei, hinter dem sich ein Wasserrückhaltebecken befindet. Wir erreichen den Ortsrand von *Altehufe*, biegen aber vor den ersten Häusern schon rechts ab und gehen auf dem asphaltierten *Schwalbenweg* zwischen Wohnhäusern hindurch bis zur *Bundesstraße (B 560)*. Dieser folgen wir nach rechts, wandern an der Bushaltestelle *Altehufe* vorbei und aus dem Ort heraus, überqueren die Straße und biegen links in die Straße *Combüchen* ein. Nach ca. 150 Metern biegen wir nochmals links in einen Schotterweg ein, der in einen Wiesenweg übergeht und durch Wiesen und Feldern vorbei auf einen Wald zuführt.

Unser Weg führt uns kurz in den Wald hinein; wir halten uns rechts, ignorieren die Abzweigung nach links und wandern am Waldrand entlang bis zu einer T-Kreuzung mit Bank *(Bensberg 12,2 km)*. Dort wenden wir uns nach links auf eine asphaltierte Straße bis zu einem Fachwerkhaus. Gegenüber dieses Fachwerkhauses biegen wir rechts ab, wandern am Wiesenrand entlang und queren die Wiese auf einige hinter Bäumen versteckt liegende Häuser von *Herrenstrunden* zu. Zwischen zwei Grundstücken hindurch führt unser Pfad zum Teil über steile Treppen bergab bis zu einem Wendehammer in einem Wohngebiet. Wir folgen dem Weg bergab bis wir an eine Brücke über die *Strunde* kommen, biegen scharf rechts in einen Fußweg ab und erreichen bald die *„Maltesermühle“*.

Wir folgen am Ortsrand einem Schotterweg längs der *Strunde* und erreichen bald einen Teich. Hier stehen einige schöne Bänke, die zur Rast einladen. Auf der gegenüberliegenden Seite des Teiches liegt die malerische *„Burg Zweiffel“*.

Maltesermühle

Erstmals urkundlich erwähnt wurde die Maltesermühle im Jahre 1325. Sie wurde als Fruchtmühle betrieben mit über die Jahrhunderte ständig wechselnden Besitzerfamilien. Als der Mühlengraben 1944 brach, wurde der Betrieb endgültig eingestellt. Heute wird die Mühle ausschließlich zu Wohnzwecken genutzt. Sie steht unter Denkmalschutz.

Am Ende des Teiches befindet sich ein Kinderspielplatz, den wir queren und uns dann rechts halten. Hier befindet sich auch die *Erlebnisroute Ost / Burg Zweiffel*. Auf der Straße gehen wir am Ortsausgangsschild vorbei, wenden uns am Ende der Leitplanke nach links und biegen auf einen kleinen Pfad ein *(Bensberg 11,3 km)*. Unser Weg führt uns am alten *Freibad* von *Herrenstrunden* vorbei, das heute mit Biergarten, Beachvolleyballplätzen, Beachfussball und Liegewiesen zum Entspannen einlädt. Wir stoßen bald auf die stark befahrene *Kürtener Straße* (Bushaltestelle), der wir nach rechts folgen, um bald darauf rechts die ehemalige *Pulvermühle „Gut Schiff"* zu entdecken. Heute ist dies ein landwirtschaftlicher Betrieb mit Erlebnisbauernhof und Hofladen.

An einer Kuhwiese vorbei überqueren wir die *Kürtener Straße* und biegen links in den *Hombacher Weg* ein. Wir schreiten über eine Bruchsteinbrücke und folgen rechts einem kleinen Pfad in den Wald hinein. Im Wald halten wir uns an einer Weggabelung nach links Richtung *Bensberg*. (Nach rechts geht es zum *Papiermuseum* in der Papiermühle *Alte Dombach*.) Wir wandern leicht bergauf am Waldrand entlang bis zu einem asphaltierten Weg, dem wir nach rechts hoch folgen. Wir treten aus dem

Burg Zweiffel

Die ehemalige Wasserburg „Burg Zweiffel" wird 1251 erstmalig als Sitz der Adelsfamilie Strunde urkundlich erwähnt. 1663 wurde das heute noch existierende Herrenhaus erbaut. Im 15. und 16. Jahrhundert war die Burg im Besitz derer von Zweiffel, die auch für die heutige Namensgebung verantwortlich waren. 1585 wurde die Burg verkauft. Sie ist heute in Privatbesitz und steht unter Denkmalschutz.

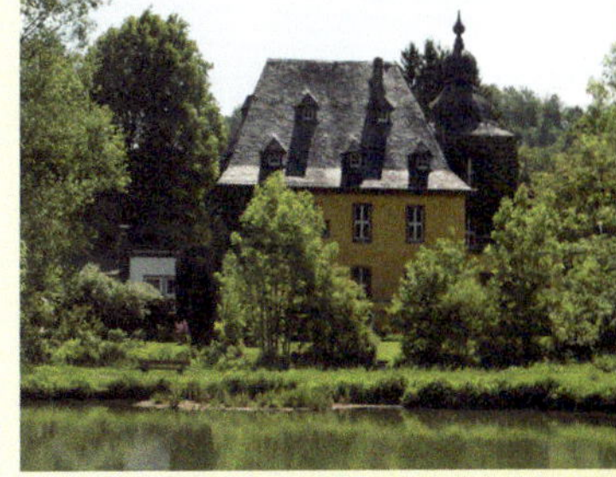

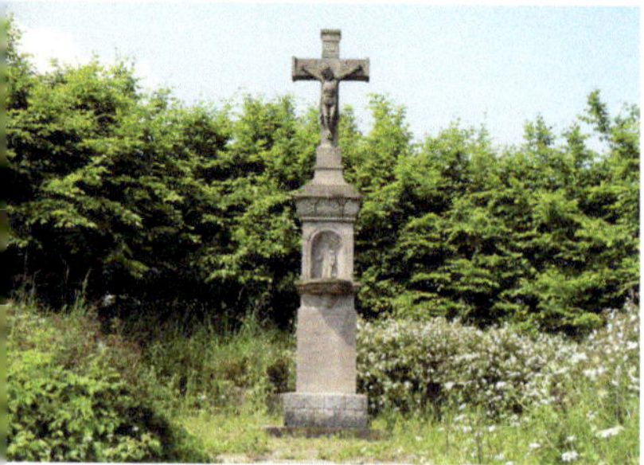
Wegekreuz am Wegesrand

Wald heraus und kommen an einem wunderbar restaurierten Wegekreuz vorbei.

Hier befindet sich auch eine Schutzhütte. Der Weg führt weiter durch Wiesen und Felder und gabelt sich nach ca. 250 Metern: Wir wählen die linke Abzweigung. An einer Kreuzung zwischen den Wiesen wandern wir geradeaus weiter bis wir eine Ansammlung von Häusern erreichen. An einer asphaltierten Straße wenden wir uns nach rechts und treffen nach einigen Metern auf die *Herkenrater Straße* (Bushaltestelle). Wir biegen links in die Straße ein, gehen sie entlang, bis auf der rechten Straßenseite ein breiter Weg in den Wald abbiegt. Hinter einer rot-weißen Schranke führt der Weg leicht bergab. An der Weggabelung wählen wir den rechten Weg, der bergab durch den Wald bis zu einer Lichtung mit einer Bank führt. Wir überqueren die Lichtung und wählen den Schotterweg aufwärts in den Wald. Zu unserer Rechten plätschert ein Bach, der seltsam rotbraun gefärbt ist. Unser Weg steigt an und führt uns zum *„Naturfreundehaus Hardt“*. Hier gibt es die Möglichkeit zur Rast mit Tischtennisplatten, Spielplatz, Bänken und einem Café. (Zeitlich eingeschränkt geöffnet.)

Am *„Naturfreundehaus“* vorbei geht es rechts bergab weiter *(Bensberg 7,4 km)*. Abzweigende Wege nach rechts und links ignorieren wir: Wir bleiben auf dem Hauptweg geradeaus durch den Wald. An einem Querweg wählen wir die linke Möglichkeit, bald darauf eine Abzweigung nach rechts. Abermals treffen wir auf einen Querweg und wenden uns auch hier nach links. Unser Weg trifft nun immer wieder auf den *Bergischen Streifzug Nummer 13, Bergischer Schlossweg*. Abzweigende Wege nach links oder rechts beachten wir nicht, sondern wandern immer geradeaus weiter bis wir auf eine große Kreuzung mit fünf verschiedenen Abzweigungen mitten im Wald treffen. Hier wählen wir den Weg, der geradeaus durch den Wald hindurch führt. Ca. 50 Meter hinter der Kreuzung biegen wir links ab Richtung *Moitzfeld (5,2 km)* und erreichen ein *Denkmal* mitten im Wald, das an die österreichischen Soldaten erinnert, die während der Koalitionskriege (nach der französischen Revolution) im Schloss Bensberg an Typhus gestorben sind.

Hinter dem Denkmal setzt sich unser Weg fort, der nun deutlich schmaler wird und uns wiederum an ein Denkmal in Form eines Kreuzes führt. Wir gehen an dem Denkmal vorbei, setzen unseren Weg dem Hauptweg nach rechts folgend fort und gelangen so zum *Milchborntal*, wandern an einigen Häusern vorbei und haben nun die Möglichkeit im Restaurant *„Zur Waldschänke"* einzukehren. Durch die Bäume kann man schon *Schloss Bensberg* erkennen.

Wir passieren ein *Freibad* und bleiben weiterhin auf dem Hauptweg, ohne uns um abzweigende Wege zu kümmern. Rechts von uns liegen *Fußball- und Tennisplätze*. Bald darauf kommen wir zum idyllischen *Milchborntalweiher*, an dessen Ufer wir rechts herum wandern bis zu einer *Schutzhütte (Bensberg 3,4 km)*. Der Weiher ist ein reiner Fischteich; baden ist hier verboten. Hinter der Schutzhütte biegen wir links und dann an einer Bank rechts ab auf einen kleinen Pfad in den Wald hinein.

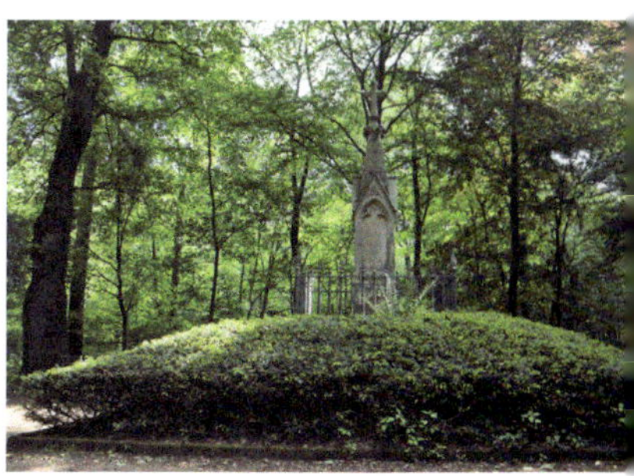

Ruhestätte österreichischer Soldaten, 1794

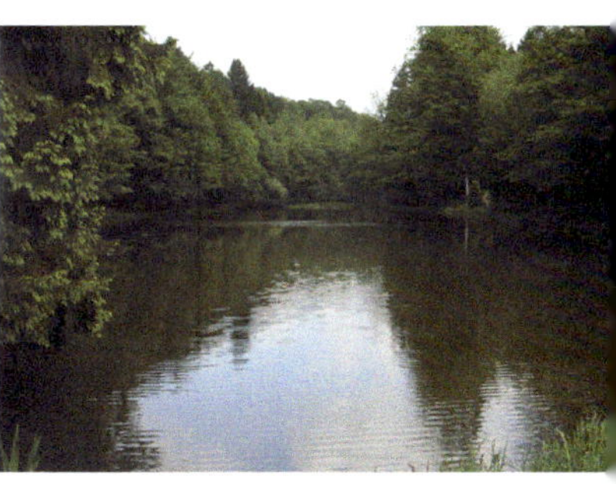

Der Milchborntalweiher liegt idyllisch im Wald.

Schloss Bensberg

Im frühen 18. Jahrhundert wurde Schloss Bensberg von Johann Wilhelm II., Herzog von Jülich und Berg, erbaut. Zunächst als Jagdschloss genutzt, erlebte Schloss Bensberg in den folgenden 2 Jahrhunderten verschiedene Nutzungen: es diente als Feldlazarett, preußische Kadettenanstalt, Kaserne, Gemeindeverwaltung und als belgisches Gymnasium.

Stark renovierungsbedürftig, wurde das Schloss 1997 umfassend restauriert und zu einem 5-Sterne-Hotel umgebaut. Zur Anlage gehört auch ein bekanntes Feinschmecker-Restaurant mit Sternekoch. Schloss Bensberg steht unter Denkmalschutz.

Der Weg steigt an; oben auf einer Lichtung nehmen wir den rechten Abzweig, der an Tennisplätzen vorbeiführt. Wir treffen auf einen breiten Wirtschaftsweg, auf dem wir nach rechts weiterwandern. Kurz darauf weist uns ein Hinweisschild den Weg nach links Richtung Bensberg (2,4 km). Unser Weg verläuft nun bergab. Unten angekommen wenden wir uns an einem breiten Forstweg nach links. Abermals liegt linkerhand ein kleiner Teich. Eine Bank lädt zum Verschnaufen ein. Nach einigen hundert Metern erreichen wir eine Kreuzung: Wir wählen den breiteren Weg nach links, erreichen bald die ersten Häuser von Bensberg-Moitzfeld, gehen an einem Parkplatz vorbei und stoßen auf die Wipperfürther Straße (Bushaltestelle). Hier ist das offizielle Ende der 6. Etappe. Wer nach Bensberg will, wählt den Zubringerweg und wandert rechts die Wipperfürther Straße hinab.

Übernachten in Bensberg

❑ ca. 200 m
→ Galeriehaus Moitzfeld
Moitzfeld 18
51429 Bergisch Gladbach- Moitzfeld
Tel.: 0173- 2997713
www.galeriehaus-moitzfeld.de

❑ ca. 2 km
→ Kardinal-Schulte-Haus*
Overather Str. 51-53
51429 Bergisch Gladbach- Bensberg
Tel.: 02204- 408573
www.k-s-h.de

❑ ca. 950 m
→ Malerwinkel Hotel
Fischbachstr.3
51429 Bergisch Gladbach
02204- 95040
https://www.malerwinkel-hotel.de/

❑ ca. 1,2 km
→ Romantik Waldhotel Mangold
Am Milchbornbach 39
51429 Bergisch Gladbach
02204- 95550
https://waldhotel.de/

❑ ca. 7,5, km
→ Malteser Komturei/ Hotel/ Restaurant/ Café Bergisch Gladbach
www.malteser-komturei.de
Herrenstrunden 23
51465 Bergisch Gladbach
02202- 959780

Taxi

❑ Taxi Berg, Tel.: 02204-54334

Tourismus-Information

❑ Das Bergische
→ Friedrich-Ebert-Str. 75
51429 Bergisch Gladbach
Tel.: 02204- 843000
www.dasbergische.de

Sehenswertes

❑ LVR Industriemuseum
→ Alte Dombach 51465 Bergisch Gladbach Tel.: 02234-9921555
info@kulturinfo-rheinland.de

❑ Schloss Bensberg
→ Kadettenstraße
51429 Bergisch Gladbach- Bensberg
Tel.: 02204- 420

❑ Bergisches Museum für Bergbau, Handwer und Gewerbe
→ Burggraben 9–21
51429 Bergisch Gladbach- Bensberg
Tel.: 02204- 55559

* Zertifizierter Gastgeber Bergisches Wanderland

7. Etappe: Bensberg – Forsbach – Hoffnungsthal (17 km; 5 Std.)

Von der Bergbaustadt Bensberg über den Monte Troodelöh ins Tal der Hoffnung

Ausgangspunkt: Bensberg
Anfahrt: Eingabe für das **Navigationsgerät:** Kadettenweiherweg in Bergisch Gladbach. Hier gibt es verschiedene Parkmöglichkeiten. Oder den Zuweg von Bensberg U-Bahnhof nehmen. Oder mit dem ÖPNV bis Haltestelle Moitzfeld.
Charakter: leicht, überwiegend über breite Wald- und Forstwege.
Einkehr: Forsbach, Steinhaus

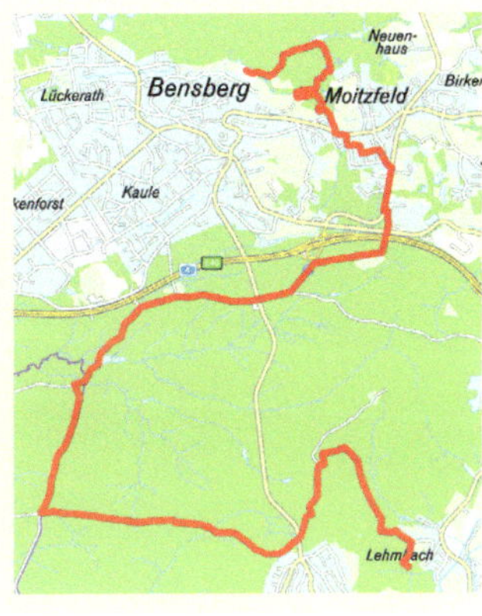

Los geht die 7. Etappe am Sportplatz am Kadettenweiherweg; bis Hoffnungsthal sind es von hier aus 15,2 Kilometer. Wir wenden uns nach links, überqueren die Straße und gehen rechts in den Habichtsweg. Wir wandern an Häusern vorbei bis wir hinter einer Tiefgarageneinfahrt links in einen kleinen gepflasterten Fußweg zwischen Mehrfamilienhäusern einbiegen. Diese Stelle ist schwierig zu erkennen! Am Ende des Fußweges biegen wir rechts ab und wenden uns an der nächsten Möglichkeit nach links (Im Finkenschlag), gehen am Ende der Straße durch ein Drängelgitter und halten uns dann rechts (Im Erlenhof). Das Markierungsschild des Bergischen Weges ist erst am Ende des Fußweges zu finden. Wir erreichen eine Straße, biegen hier nach rechts ab,wandern weiter und kommen über einen Fußweg am „Porschezentrum Bensberg“ vorbei. Hier wenden wir uns nach rechts auf die Friedrich-Ebert-Straße und genießen einen schönen Blick ins Bergische Land. Wir wechseln an einer Fußgängerampel die Straßeseite und wandern am „Technologiepark Bergisch Gladbach“ vorbei. Wir überqueren zunächst links einen Parkplatz und dann mittels einer Brücke die Autobahn A4. Nun geht es endlich in den Königsforst hinein. An der ersten Möglichkeit biegen wir nach rechts ab und lassen so langsam den Lärm der Autobahn hinter uns. Bald schon erreichen wir das „Forsthaus Steinhaus“, ein Informationszentrum des Landes NRW, in dem sich

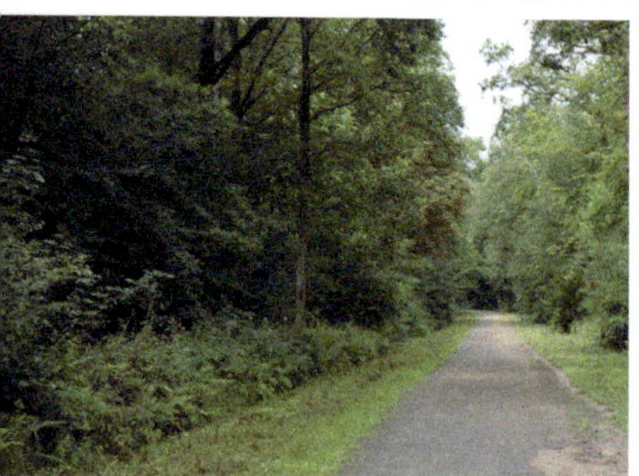

Auf breiten Forstwegen geht es durch den Königsforst.

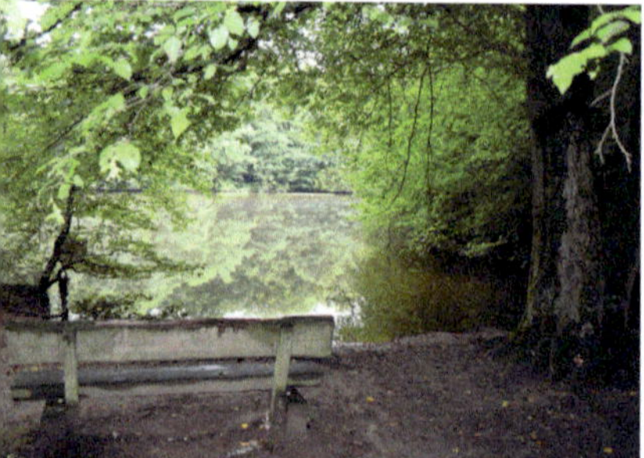

Der Kettners Weiher lädt zum Verweilen ein.

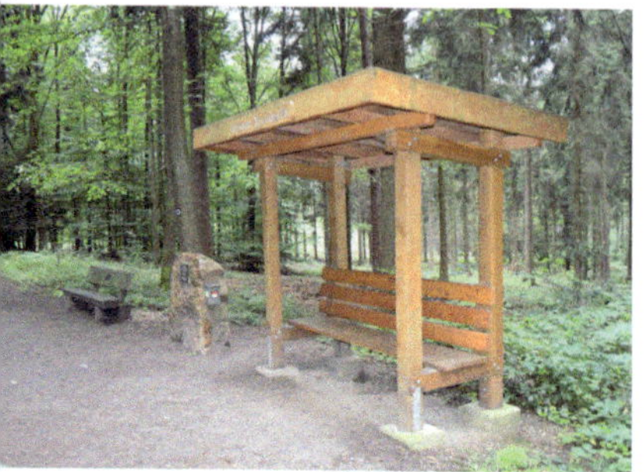

Der Monte Troodelöh – Kölns höchster Berg

u. a. eine interaktive Ausstellung zum Naturraum Wahner Heide/ Königsforst befindet. Wir passieren das Forsthaus (leckerer Kuchen!) und biegen bald darauf links auf einen schmaleren Waldweg ab. An einer T-Kreuzung biegen wir nach rechts ab, überqueren die Bensberger Straße und wandern weiter geradeaus durch den Wald. Wir bleiben auf dem breiten Hauptweg, abzweigende Wege nach links oder rechts beachten wir nicht. Etwas später gabeltsich der Weg: Wir wählen die linke Abzweigung und erreichen bald den Kettners Weiher. Hier kann man auf Bänken oder in einer Schutzhütte idyllisch rasten. An einer Kreuzung gehen wir geradeaus weiter. Bis zum Monte Troodelöh, mit 118,04 Metern der höchste Punkt im Kölner Stadtgebiet, sind es noch 800 Meter. Hier treffen wir auch immer wieder auf Schilder des Jakobsweges, der uns eine Zeitlang begleitet. Kurz darauf biegen wir an einem Schilderwald nach links ab. Wir gehen hier nun leicht bergan und treffen immer wieder auf Schutzhütten. Eine Abzweigung, die uns nach links führt, ignorieren wir und erreichen kurz darauf den Monte Troodelöh. Hier gibt es eine geschützte Bank und einen Findling mit einer Bronzetafel. In das vorhandene Gipfelbuch kann man sich mit einem Stempel eintragen! Der breite Waldweg

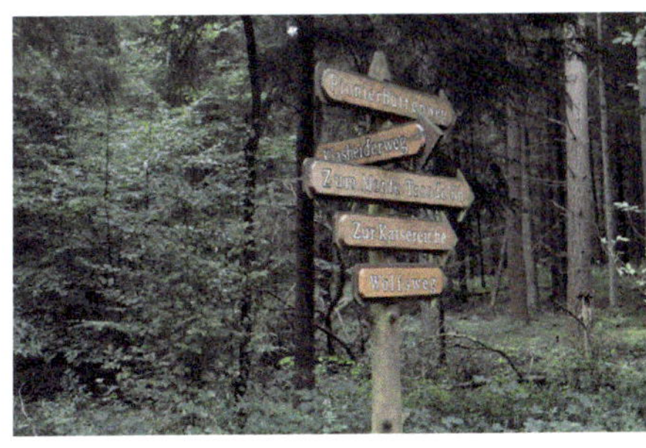

Schilderwald – mitten im Wald

führt uns weiter geradeaus (einen kreuzenden Weg ignorieren wir) bis zu einer Kreuzung, an der wir nach links abbiegen auf den Brück-Forsbacher- Weg. Auch an der darauffolgenden Kreuzung (mit Schutzhütte und Bänken) laufen wir weiter geradeaus und erreichen einen Platz, auf dem Tische und Bänke stehen. Eine Gedenktafel erinnert daran, dass hier der „Forsbacher Bahnhof“ seinen Platz hatte, der von 1890 bis 1961 die Orte Bensberg, Forsbach und Rösrath miteinander verband. Es geht an dem alten Bahnhof vorbei und auch an der nächsten Kreuzung weiter geradeaus, bis kurz darauf durch die Bäume die ersten Häuser von Forsbach zu sehen sind. Wir überqueren einen Parkplatz, auf dem Informationstafeln über den Bodenlehrpfad Königsforst aufgestellt sind, und kreuzen dann nochmals die Bensberger Straße. Einen abbiegenden Weg nach rechts ignorieren wir (es ist nur ein parallel verlaufender Reitweg) und bleiben auf dem breiten Hauptweg, bis wir kurz darauf links abbiegen und dann auf einer kleinen Lichtung uns nach rechts wenden. Unser Weg ist nun zu einem kleinen Pfad mit sandigem Boden geworden. Nach einer Weile knicken wir rechts ab und unser schmaler Weg schlängelt sich durch den Wald. Kurz nachdem wir links abgebogen sind, erreichen wir die ersten Häuser einer Siedlung und gehen an einem grünen Metallzaun vorbei, bis wir eine asphaltierte Straße erreichen, die wir links hinuntergehen. Nach ca. 100 Metern wandern wir rechts weiter. Der Weg führt uns bergauf in den Wald hinein bis zu einem Etappenstein des Bergischen Weges. Am Etappenstein biegen wir links auf einen kleinen Pfad ab, der uns recht steil bergab führt. Der Weg kann hier ziemlich matschig sein.

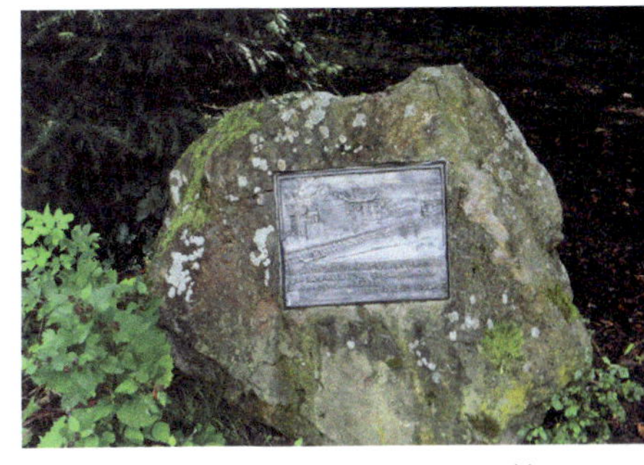
Forsbacher Bahnhof – der Platz mitten im Wald mutet heute etwas seltsam an.

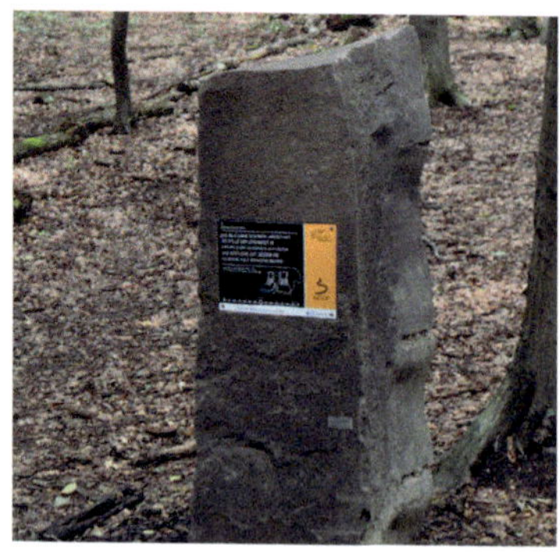

Das Bild einer schönen Landschaft, die Stille der Einsamkeit in natürlicher Umgebung erhalten, das köstliche Gut, dessen die moderne Welt dringend bedarf."

Jean-Jacques Rousseau (1712–1778)

Unten angekommen, überqueren wir einen Bach,wandern auf der anderen Seite nach rechts und dann in Serpentinen wieder nach oben, bis wir den Waldrand erreichen und an Pferdekoppeln entlangwandern. An der nächsten Möglichkeit biegen wir links ab und dann wiederum links in den Wald hinein. Hier geht es abermals ganz schön bergab. Unten angekommen wenden wir uns nach links und gehen einen schmalen Pfad weiter. Es geht hier abwechselnd bergab und bergauf, oftmals über mehrere kleine Bächlein. Wir treten aus dem Wald heraus, überqueren eine kleine Lichtung und gehen sofort wieder in den Wald hinein. Am Waldrand entlanggehend biegen wir an einer Gabelung rechts ab und gehen dann auf einem Feldweg bis zu einer asphaltierten Straße (Hoffnungsthaler Straße), an der wir nach rechts abbiegen. Hier passieren wir die ersten Häuser von Hoffnungsthal. Kurz danach biegen wir links auf einen Rasenweg ein, der uns zunächst an Häusern und dann am Waldrand und an Wiesen vorbeiführt. Von hier aus hat man idyllische Ausblicke ins Bergische Land. Der Weg zweigt einmal nach links ab – hier erkennen wir nicht sofort unsere Wegmarkierung. Wir gehen weiter geradeaus und finden kurz darauf wieder Markierungen. Wir treten aus dem Wald heraus, gehen einen kleinen Pfad zwischen Brombeersträuchern bergab und genießen dabei einen schönen Blick auf die am Hang liegenden Häuser von Hoffnungsthal. Nach dem steilen Abstieg erreichen wir die Straße „In den Lachen". Zur sehenswerten evangelischen Kirche oder um einzukehren geht man geradeaus. Wir wenden uns jedoch nach links in die Straße Volberg, überschreiten die Sülz-Brücke und haben unser Etappenziel erreicht.

Übernachten in Hoffnungsthal

- ca. 2,3 km
  → Geno Hotel
  Raiffeisenstr. 10–16
  51503 Rösrath-Forsbach
  Tel.: 02205-8030
  www.genohotel.de

- ca. 2,3 km
  → Hotel Restaurant
  Forsbacher Mühle
  Mühlenweg 43
  51503 Rösrath-Forsbach
  Tel.: 02205-900840
  www.forsbacher-muehle.de

Taxi

- Taxi-Klein, Tel.: 02205-6666

Tourismus-Information

- Stadt Rösrath
  → Hauptstr. 229
  51503 Rösrath
  Tel.: 02205–8020

www.roesrath.de

Sehenswertes

- Schloss Eulenbroich
  → Zum Eulenbroicher Auel 19
  51503 Rösrath
  Tel.: 02205-9010090
  www.schloss-eulenbroich.de

- Turmhof
  → Kammerbroich 67
  51503 Rösrath
  Tel.: 02205-947780
  www.turmhof.de

8. Etappe: Hoffnungsthal – Overath (16,8 km; 5 Std.)

Vom Ufer der Sülz geht's hinauf zum letzten Bergwerk im Revier und über verträumte Pfade nach Overath

Ausgangspunkt: Hoffnungsthal
Anfahrt: Eingabe für das Navigationsgerät: Volberg, 51503 Rösrath. Anfahrt mit ÖPNV: DB Bahn: mit RB 25 bis Bahnhof Rösrath, dann mit Bus 423 bis Haltestelle „Halfenhof"; Bus: mit Bus 423 bis Haltestelle „Halfenhof"
Charakter: mittel
Einkehr: Hoffnungsthal, Golfplatz „Am Lüderich", Honrath, Hotel-Restaurant „Eulenthal", Hoffnungsthal, Café Rosenow (liegt nicht direkt am Weg, aber ca. in 400m Entfernung.

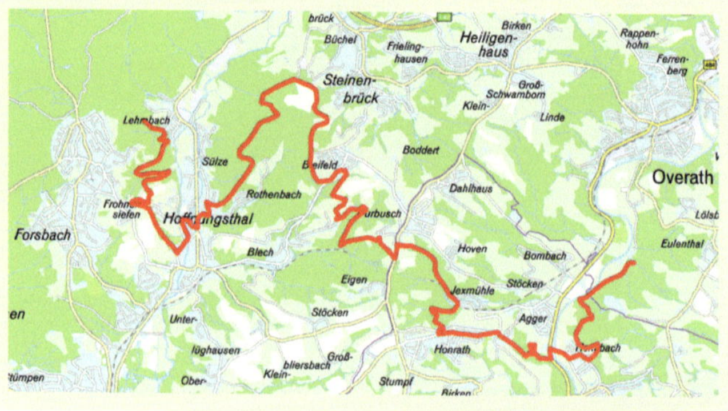

Unsere heutige Etappe beginnt in Hoffnungsthal auf der Hauptstraße (L 284) an der Sülz-Brücke. Hinter der Brücke biegen wir direkt links ab, wandern am Flussufer entlang, bis wir rechts auf einen gepflasterten Weg gelangen. Der Bergische Weg verläuft nun für eine ganze Weile parallel zur Nr. 15 des Bergischen Streifzuges, des Bergbauweges. Info-Kästen am Wegesrand informieren uns hier in regelmäßigen Abständen über die Geschichte des Bergbaus in dieser Gegend.

Wir gehen an einem Parkplatz vorbei und erreichen ein Ensemble ehemaliger Industriebauten des historischen Hammerwerksgeländes. Dieses ist 2004 in ein ansehnliches Gewerbegebiet umgewandelt worden. Direkt hinter einem roten Backsteinhaus wenden wir uns nach rechts, folgen der Straße bis wir an der Hauptstraße Am Hammer links abbiegen und die

Straße an der Bushaltestelle Veurneplatz überqueren. An imposanten Villen vorbei biegen wir rechts in den Rothenbacher Weg ein und folgen der asphaltierten Straße leicht bergan. Bald erreichen wir die Straße Auf dem Rosenberg, in die wir links abbiegen. Unser Weg ist jetzt recht steil. Nachdem wir schon ganz schön außer Puste geraten sind, biegen wir rechts in die Straße Im Kläfberg ein und folgen ihr weiterhin bergauf, zunächst an Häusern vorbei. Bald geht es geradeaus in den Wald hinein. Einen uns kreuzenden breiten Wirtschaftsweg beachten wir nicht, sondern gehen weiterhin geradeaus (Overath 16,3 km). Kurz darauf biegen wir rechts ab. Kleinere Wege, die abzweigen, ignorieren wir. Unser Weg ist zunächst recht schmal und von Stechpalmen gesäumt, bis er uns auf einem breiten Wirtschaftsweg auf den Gipfel des Lüderich führt. Wir überqueren verschiedene Kreuzungen im Wald und auch zu uns stoßende Wege beachten wir nicht. Wir gehen stets bergauf bis wir eine T-Kreuzung erreichen, an der wir nach links abbiegen; alle abzweigenden Wege beachten wir nicht. An einer Wegekreuzung führt uns rechts ein schmaler Weg den Berg hinab; kurz darauf biegen rechts ab. Nach einer Weile treten wir aus dem Wald hinaus und kommen an der Erddeponie Lüderich vorbei, folgen dem asphaltierten Weg nach links bis zum Golfclub „Am Lüderich". Dort gehen wir nach rechts über die Anlage an Parkplatz und Bistro vorbei. (Hier kann man auch einkehren, wenn man nicht Mitglied des Golfclubs ist.) Der

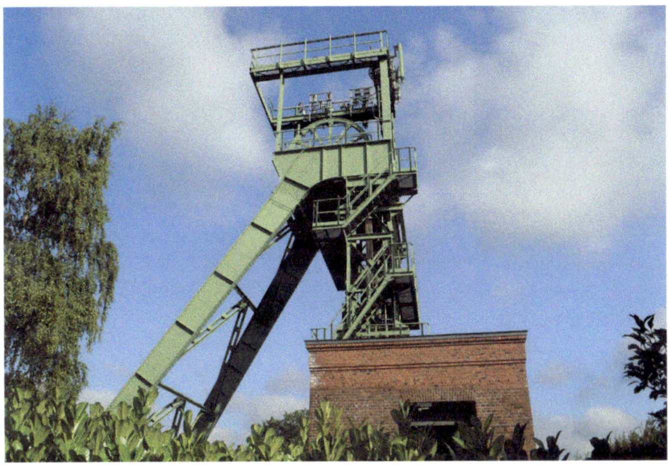

Der Förderturm des ehemaligen Erzbergwerks

Golfplatz ist auf einem ehemaligen Erzbergwerk angelegt worden, ein Förderturm ist bis heute erhalten geblieben. Durch ein grünes Metalltor verlassen wir das Gelände des Golfclubs. (Ein Abstecher zur Mariengrotte und zum Barbarakreuz ist hier möglich.) Wir wandern leicht links auf der asphaltieren Straße Am Hauptschacht bergab und wenden uns am Haus mit der Nummer 29 nach rechts. Wir wandern dann links auf einem Schotterweg bergab, vorbei an Wasserbecken und grünen Metallzäunen. Auf dem schmaler werdenden Weg betreten wir wieder den Wald; an der nächsten T-Kreuzung gehen wir nach rechts leicht bergauf. Direkt danach wenden wir uns zunächst nach links, dann kurz darauf nach rechts und an einem Hochspannungsmasten wiederum nach links. Unser Weg geht bergauf-bergab! An einer Kreuzung mitten im Wald folgen wir den Markierungen und wandern geradeaus weiter, um dann sofort auf einen breiten Waldweg links einzubiegen. Nach ca. 20 Metern kommen wir abermals an eine Kreuzung mit Wohnhaus. Hier gehen wir auch geradeaus (Overath 12,8 km). Nach ca. 50 Metern lädt eine Bank zu einer Pause ein; neben der Bank steht eine Holztafel, auf der ein Gedicht eingeritzt ist. Hier biegen wir rechts ab, um nochmals kurz darauf rechts auf einen kleinen Wiesenpfad einzubiegen. Dieser kann je nach Witterung sehr nass und matschig werden. Wir biegen an der nächsten Möglichkeit links ab. (Einen auf unseren Weg treffenden Pfad von rechts kommend ignorieren wir.) Unser Pfad ist hier sehr eng, matschig und rutschig und führt uns durch hüfthohe Pflanzen in einen Nadelwald hinein. Bald laufen wir aus dem Wald heraus und entlang der Bleifelder Straße in den Ort hinein. Direkt hinter den ersten Häusern überqueren wir die Straße, wenden uns an der Hausnummer 12 nach rechts, knicken an einer Wiese rechts ab und wandern in ein

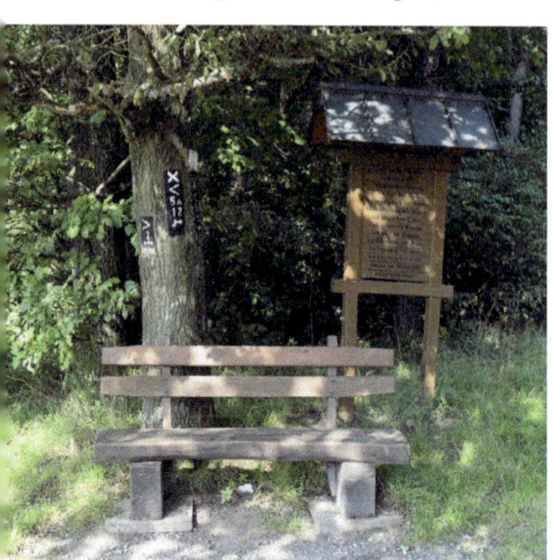

Pause und Poesie am Wegesrand

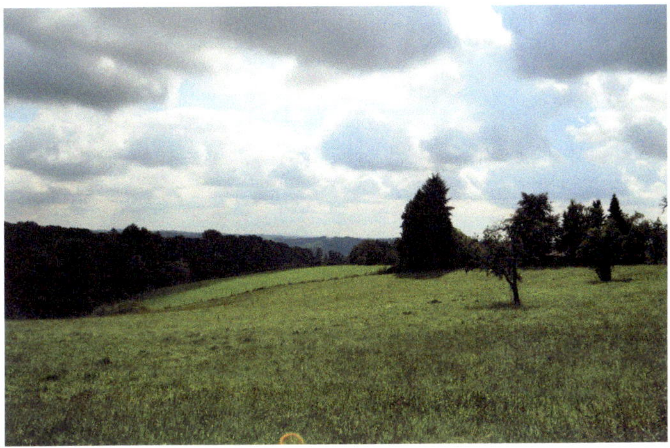

Wie gemalt: Blick ins Bergische Land

kleines Waldstück hinein. An einer Gabelung wählen wir die linke Möglichkeit, treten bald aus dem Wald hinaus und laufen durch Wiesen auf eine Straße zu. An einer Bank biegen wir nach rechts ab. Dort bietet sich eine schöne Fernsicht. Wir folgen der Straße bis zum Ort Lüderich /Berg. Schnell verlassen wir die Ortschaft wieder, indem wir nach den ersten Häusern links bergab in Richtung Wald laufen. Wir bleiben auf unserem breiten Waldweg (Abzweigungen von links oder rechts beachten wir nicht), den wir bald darauf nach rechts abbiegend verlassen. Hier verlässt uns nun auch der Bergbauweg Nr. 15. Vor der letzten Info-Tafel biegen wir nach links bergauf ab, kreuzen bald einen breiten Waldweg und gehen immer weiter den Berg hinauf. Ein kurzer Weg über eine Wiese führt uns in das nächste Waldstück und bald darauf auf die nächste Ortschaft zu. Kurz vor der Ortschaft gehen wir allerdings nach rechts Richtung Overath (9,7 km) und in ein Waldstück hinein. Unser Weg führt uns durch Wald, am Waldrand und am Wiesenrand vorbei, bis wir die Schlehecker Straße erreichen. Hier überqueren wir die Straße und erreichen links den Ort Durbusch. Aufgepasst, hier kann man schnell die Markierung übersehen! Wir wandern nicht in den Ort hinein, sondern gehen vor der Parksauna „Residenz" nach rechts in einen Wiesenweg. Unser Weg verläuft recht schmal am Waldrand bergab. Im Tal angekommen überqueren wir einen Bach und kommen bald zu einem breiten Waldweg, dem wir rechts leicht bergab folgen. Wir erreichen auf einem Schotterweg Bahngleise, die wir

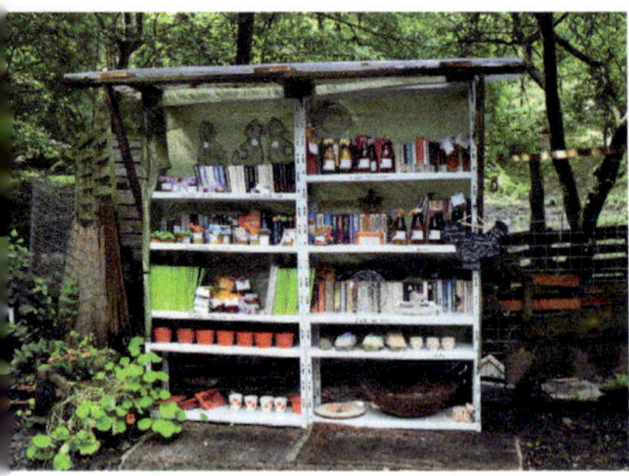

Mitten im Wald – ein Regal voller Überraschungen

überqueren und weiter nach links wandern, bis wir an Teichanlagen vorbei kommen. (Wer die Etappe abkürzen möchte, kann hier den blauen Zuweg Richtung Bahnhof Honrath gehen, 0,4 km.) Uns begleitet nun wiederum ein Wanderweg der Bergischen Streifzüge Nr. 18, der Bauernhofweg. Wir wandern an den Bahngleisen entlang, bis wir zu einer Geflügelauffangstation gelangen. Hier kann man mitten im Wald Eier, Marmelade, Likör, Zeitungen, Bücher oder Trödel kaufen. Das Geld legt man auf Vertrauensbasis einfach in eine offene Kasse. Eine Abzweigung von links ignorieren wir, die nächste von links kommende Abzweigung müssen wir allerdings nehmen: Der Weg führt uns im Wald den Berg hinauf. An einer T-Kreuzung nehmen wir die linke Möglichkeit und erreichen bald die ersten Häuser von Honrath. Wir verlassen unseren schmalen Pfad und stoßen auf die Alte Honrather Straße, an der wir uns nach rechts wenden, den Berg hinauf gehen und um eine Linkskurve auf die Rösrather Straße stoßen. Dort wenden wir uns nach links und gehen bergab durch den Ort Honrath bis zur Straße Zum Kammerberg am Ortsende, in die wir rechts einbiegen. Bis Overath sind es von hier noch 6,2 km. Am städtischen Kindergarten biegen wir nach links ab (Am Weißenberg) und erreichen die hübsche evangelische Kirche. Wir gehen die Straße Zum Kammerberg bergab hinunter Richtung Waldrand, nehmen aber nicht die Linkskurve bergab, sondern bleiben geradeaus. Das Schild des Bergischen Weges ist hier unklar angebracht, also Vorsicht! Bald gabelt sich der Weg: Wir wählen die linke Abzweigung leicht bergab. Auch hier ist das Markierungsschild erst auf den zweiten Blick zu erkennen. Nach einigen Metern kommen wir an eine Kreuzung mit mehren Möglichkeiten: wir wählen den Weg, der uns schräg rechts bergab führt.

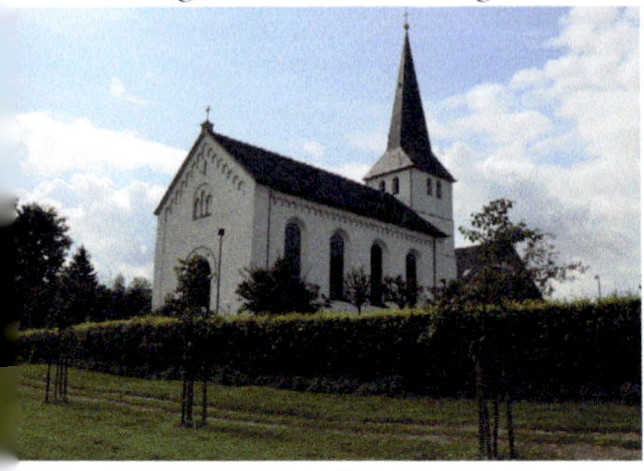

Evangelische Kirche von Honrath

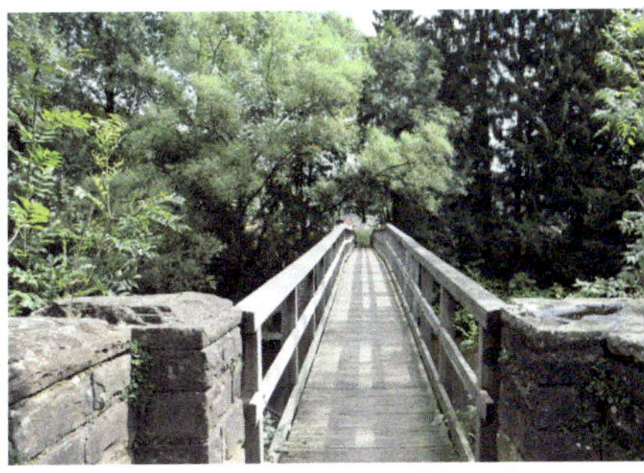
Hier kommt man sicher auf die andere Seite.

Im Aggertal folgen wir unserem Weg geradeaus, ein von links kommender Weg interessiert uns nicht weiter. Links von uns passieren wir nochmals einen Golfplatz und einen Kletterparcours und gehen weiter, bis wir die Bundesstraße B 484 erreichen, nach links abbiegen und am Hotel Restaurant „Naafs-Häuschen" die Straße überqueren (Bushaltestelle). Über eine schöne Holzbrücke queren wir die Agger. Am anderen Ufer wenden wir uns nach rechts und wandern Richtung Neu-Honrath. Unser Weg biegt nach rechts auf die Honsbacher Straße und dann direkt nach links. An einer Kreuzung mit einem Wegekreuz aus dem Jahre 1888 biegen wie in die Von-Ley-Straße ein. Diese führt uns an Häusern, Wiesen und Tiergehegen vorbei zum Waldrand hin. Wir folgen der Beschilderung bis wir auf Treppenstufen stoßen, die uns bergab führen. Über eine kleine Holzbrücke geht es auf einem Schotterweg weiter. An einer Kreuzung im Wald nehmen wir die linke Abbiegung leicht bergab. Wir folgen dem Weg bis wir zu einem kleinen Bach kommen, den wir übersteigen. Unser Weg ist relativ schmal und führt uns sanft den Berg hinauf. Einen Weg, der von rechts kommt, ignorieren wir; stattdessen gehen wir geradeaus weiter und erblicken bald einige Häuser. Wir erreichen das Etappenziel, das mit einem Etappenstein, Info-Tafeln über Bienen und mit einer kuriosen Wegbeschilderung überrascht. Overath erreicht man über den blauen Zuweg in 2,2 km.

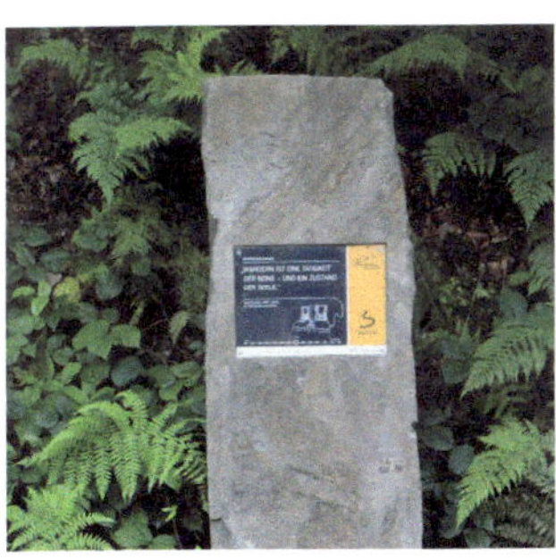

„Wandern ist eine Tätigkeit
der Beine –
und ein Zustand
der Seele."

Übernachten in Overath

❑ → Hotel-Restaurant zum Eulental
(liegt direkt am Weg der Etappe 9 nach Much) Eulenthaler Straße 47
51491 Overath
Tel.: 02206–2606
www.hotel.ami.de

❑ → ca. 3 km
Hotel-Brauhaus
Bergischer Hof Hauptstraße 99
51491 Overath
Tel.: 02206–854540
www.hotelbrauhausoverath. de

❑ → ca. 2 km
Hotel Lüdenbach
Klef 99
51491 Overath
Tel.: 02206–95380
www.hotel-luedenbach.de

Taxi

❑ Taxi Gatz, Tel.: 02204-74444

Tourismus-Information

❑ → Das Bergische
Das Bergische Haus
Friedrich-Ebert-Straße 75
51429 Bergisch Gladbach
www.dasbergische.de
❑ → Stadt Overath
Strom-Energie GmbH (O-Saft)
Hauptstraße 77
51491 Overath
Tel.: 02206–602-494
www.overath.de

Sehenswertes

❑ → Ruine der Burg Großbernsau (Die Ruine steht in einem Waldstück auf einer Insel in einem verschlammten Teich in der Nähe der B 55 von Overath in Richtung Engelskirchen.)

❑ → Kirche St. Mariä
Heimsuchung Pilgerstraße 25
51491 Overath-Marialinden

❑ → Gut Eichthal Eichtal 1
51491 Overath
Tel.: 02206-903010nm

9. Etappe: Overath – Much (18,4 km; 5,5 Std.)

Aus dem Aggertal durch einsame Täler und über sanfte Hügel

Ausgangspunkt: Im Wald südlich von Overath. Zuweg ab Bahnhof ist ausgeschildert.
Anfahrt: Eingabe für das Navigationsgerät: Perenchiesstraße, 51491 Overath (Parkmöglichkeiten am Schulzentrum) und dann über den Zuweg zum Etappenbeginn.
Oder mit dem ÖPNV bis Overath Bahnhof oder Overath Schulzentrum/ Cyriax und dann über den Zuweg bis zum Etappenbeginn.
Charakter: leicht, mit einem Anstieg zu Beginn der Etappe.
Einkehr: in Overath, Hotel Restaurant Zum Eulenthal, Restaurant Fischermühle, in Much.

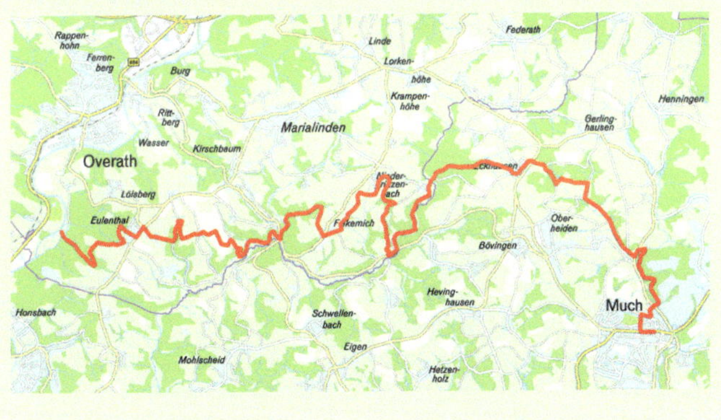

Die 9. Etappe von Overath bis Much startet südlich der Stadt Overath mitten im Wald an einem Platz mit einer Bank und Informationstafeln über Bienen. Der Zuweg (ca. 2,2 km) ab dem Bahnhof Overath ist ausgeschildert. Wir gehen am Etappenbeginn leicht ansteigend einem Bachlauf folgend geradeaus. Einen Abzweig, der von rechts oben kommt, ignorieren wir. Nach ca. 150 Metern biegt unser Weg nach links unten, Richtung Bach, ab. Diese Stelle kann man leicht übersehen, da kein deutlicher Weg zu erkennen ist. Wir überqueren den Bach mittels einer Holzbrücke und setzen unseren Weg auf der anderen Seite nach links ansteigend fort. Unser Weg gabelt sich: Wir wählen die rechte Möglichkeit und treffen bald auf einen querenden Weg, dem wir links folgen und zu einer Wiese kommen.

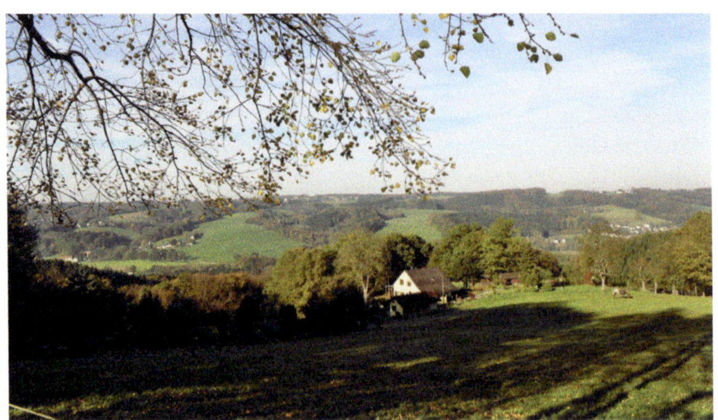

Blick über das Aggertal

Hier hat man einen schönen Ausblick über das Aggertal und eine Bank lädt zu einer ersten Rast ein.

Wenige Meter später treffen wir auf eine asphaltierte Straße, der wir nach links folgen, um direkt danach rechts auf eine gerodete Fläche abzubiegen. Wir wandern zwischen Wiese und Waldrand entlang und erreichen den Rand des Ortes *Leyenhaus*. Hier wenden wir uns an der *Pumpstation* nach links und setzen unseren Weg auf einem breiten Weg fort. Eine Abzweigung nach links ignorieren wir; ca. 10 Meter später gehen wir an einer Weggabelung rechts in den Wald. Vor einer Einzäunung biegen wir rechts ab, gehen am Zaun entlang und erreichen bald die ersten Häuser. Wir gehen auf der Straße *Leyenhaus* geradeaus durch den Ort und wenden uns an dessen Ende nach links in die *Eulenthaler Straße*. Hier können wir einen fantastischen Ausblick auf das Bergische Land genießen. Im *Hotel Restaurant „Zum Eulenthal"* kann man einkehren und auch übernachten.

Kurz hinter der Gaststätte nehmen wir die erste Abbiegemöglichkeit rechts: In die Straße *Im Eulenthal*. Bis *Much* sind es noch 15,8 km. Wir gehen an einer Hofanlage entlang und wenden uns hinter dem letzten Gebäude nach links. An einer Kuhwiese vorbei wandern wir in einen von Eichen und Buchen beherrschten Wald hinein. Rechts unter uns plätschert der *Eulenbach*. An einer T-Kreuzung überqueren wir den *Eulenbach* und gehen nach rechts weiter, immer dem Bachlauf folgend. Am nächsten Etappenschild ist ein Zuweg nach *Viersbrücken* ausgeschildert; wir gehen jedoch weiter in Richtung *Much* und passieren zwei im Wald liegende

Naafbachtal

Das 1020 Hektar umfassende Naturschutzgebiet „Naafbachtal" ist durch Zufall erhalten geblieben: eine geplante Talsperre wurde aufgrund stagnierenden Wasserverbrauchs nicht mehr benötigt und das Tal durfte so bleiben wie es war. Die Talsperren-Pläne hatten sogar ihr Gutes, denn neue Häuser durften im Naafbachtal seit Jahrzehnten nicht mehr gebaut werden und so ist das Tal zu dem geworden, was es heute ist: ein stilles, wunderschönes Tal, das zum Träumen einlädt.

Teichanlagen. Aus dem Wald heraustretend treffen wir auf eine asphaltierte Straße, der wir nach links ins *Naafbachtal* folgen.

Weiterhin murmelt zu unserer Rechten ein kleiner Bach. Eine Abzweigung nach rechts beachten wir nicht, sondern gehen geradeaus weiter.

An einer Weggabelung wenden wir uns nach links Richtung *Halzemich* und gehen nur wenige Meter bergauf, um sofort wieder rechts auf einen grasbewachsenen Weg abzubiegen. Wir wandern an Wiesen entlang, rechts von uns fließt der *Naafbach*. Wir kommen an eine Abzweigung: Hier ist nicht klar ersichtlich, wohin uns unser Weg führt. Wir gehen aber nicht in den Wald hinein, sondern rechts hinunter Richtung Wiese. Im schönen, stillen *Naafbachtal* laden immer wieder Bänke zu einer Rast ein. Wir überqueren den Bach, kommen an eine T-Kreuzung, an der wir uns nach rechts wenden, immer am Waldrand und an Wiesen vorbei. Bald überqueren wir abermals den *Naafbach* und hören schon die Landstraße, die das Tal durchschneidet. Nach kurzer Zeit überqueren wir die Straße, gehen einige Meter links Richtung *Overath* und biegen dann rechts auf einen Weg ab. Jetzt befinden wir uns im Naturschutzgebiet *„Kleines Naafbachtal"*.

An einer Abzweigung finden wir ein Etappenschild: Hier ist ein Zuweg nach *Marialinden* mit 2,2 km Distanz ausgewiesen. Nach *Much*, unserem Etappenziel, sind es noch 12,3 km. Wir setzen unseren Weg rechts den Schotterweg hoch fort, gehen an einer Bank vorbei und biegen direkt darauf wieder rechts in den Wald ein. Wir wandern eine ganze Weile durch den Wald, vorbei an Wiesen und Bächen, bis wir auf einen Querweg treffen, auf dem wir

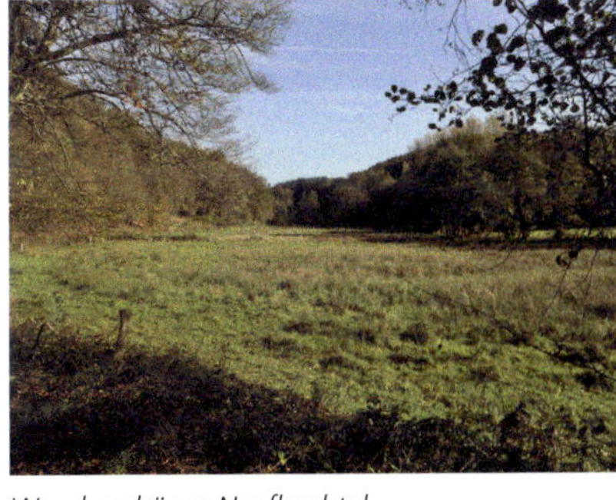

Wunderschönes Naafbachtal

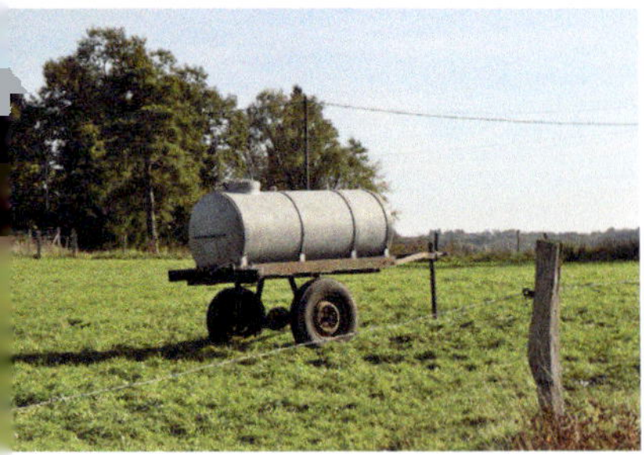

Nicht für durstige Wanderer

rechts weitergehen. In einer langgestreckten Kurve geht es den Berg hinauf, wir treten aus dem Wald heraus, laufen zwischen Wiesen und Weiden hindurch und blicken auf die ersten Häuser von *Falkemich*.

Wir treffen auf eine Landstraße, gehen an einem Wegekreuz nach rechts auf der Landstraße weiter und wandern durch den Ort leicht den Berg hinab. An einer Abzweigung wenden wir uns nach links und wandern an einer asphaltieren Straße weiter durch einen *Pferdehof* hindurch. Nach dem letzten Stallgebäude halten wir uns links, zunächst am Waldrand und dann an Pferdekoppeln entlang. Hier haben wir immer wieder wunderbare Ausblicke in die Landschaft.

Wir gehen auf die Ortschaft *Niedergrützenbach* zu; rechts von uns säumen Apfelbäume unseren Weg. Vor dem Ort, direkt vor einem Stallgebäude, biegen wir rechts ab. Bis *Much* sind es von hier aus noch 9,5 km. Unser Weg führt uns in einigen Kurven leicht bergab wieder ins *Naafbachtal* hinunter; eine Abzweigung links bergauf beachten wir nicht. Weiter geht es an Pferdekoppeln und Kuhwiesen vorbei, rechts von uns fließt ein Bächlein. Wir kommen an drei kleinen Teichen vorbei, stoßen auf eine Landstraße und wandern diese links weiter bis wir das *Hotel Restaurant „Fischermühle“* erreichen. Hier kann der müde Wanderer eine Pause einlegen.

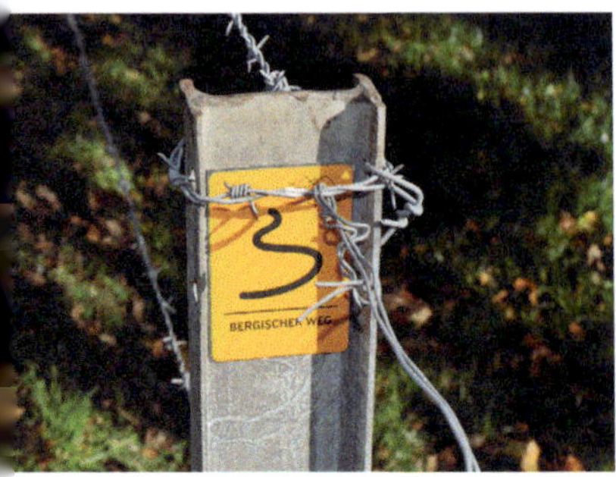

Tja, was soll man dazu sagen?

Hinter dem Hotel biegen wir links ab, wandern kurze Zeit an einem kleinen Bach entlang, bis wir ihn überqueren und eine Teichanlage für Angler passieren. Durch die schöne bergische Landschaft wandern wir bis zu dem kleinen Ort *Breitenstein*. Nach einer rotweißen Schranke biegen wir an einer asphaltierten Straße rechts ab. Wir lassen die letzten Häuser hinter uns, überqueren mittels einer steinernen Brücke einen Bach, setzen

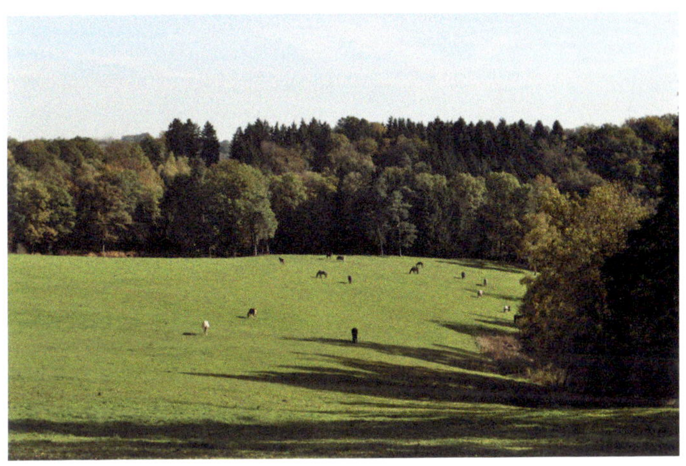

Ein friedlicher Anblick – grasende Pferde auf der Koppel

an einer Kreuzung unseren Weg geradeaus fort und gehen auf einem gepflasterten Weg in den Wald hinein. Einige Meter weiter gabelt sich unser Weg: Wir wählen den linken und gehen auf einem breiten Waldweg weiter.

Links von uns fließt ein Bach. Kurz nach einer Teichanlage treten wir aus dem Wald heraus und erreichen bald darauf die Ortschaft *Eckhausen*. Wir streifen einen landwirtschaftlichen Betrieb und gehen in den Ort hinauf.

Bei der ersten Möglichkeit wenden wir uns nach links und folgen der Straße. An der nächsten Abzweigung folgen wir dem Etappenschild wiederum nach links. Bis *Much* sind es noch 4,9 km. Wir verlassen die Ortschaft, treffen auf eine Landstraße *(L 360)*, die wir überqueren und geradeaus weiter wandern. Wir laufen zwischen Wiesen entlang, bis nach einigen hundert Metern unser Weg rechts abbiegt. Wir treten aus dem Wald heraus und biegen an einem Abzweig links ab. Weiter geht es bergauf bergab an Wiesen vorbei und am Waldrand entlang. Von weitem sieht man eine Ortschaft mit einem Kirchturm: Dies ist bereits unser Etappenziel *Much*. An einer Querstraße mit einer Bank gehen wir nach rechts und setzen unseren Weg auf einer asphaltierten Straße fort bis zur nächsten T-Kreuzung: Dort wenden wir uns nach links. An der nächsten Wegekreuzung gehen wir weiter geradeaus, und sehen rechts in einiger Entfernung die

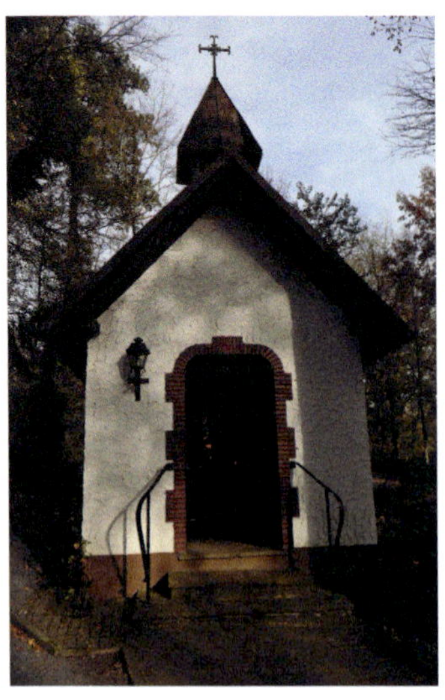

Die Fatimakapelle – 1954 von Mucher Bürgern errichtet zum Dank für die glückliche Heimkehr von Frontsoldaten und der Verschonung des Dorfes vor Zerstörung im 2. Weltkrieg.

Häuser von Tillinghausen. Abermals treffen wir auf eine Kreuzung mit einer Bank und gehen geradeaus weiter bis zu einer Landstraße. Hier biegen wir links ab, überqueren die Straße und wandern vor einem Wanderparkplatz mit Schutzhütte rechts in einen Waldweg hinein. Rechts neben uns gurgelt der *Gibbinghauser Bach*. Wir laufen parallel zur gerade überquerten Landstraße. Gegen Ende der Etappe geht es noch einmal gehörig bergauf. Oben angekommen, ignorieren wir abzweigende Wege und erreichen bald einen kleinen Kletterparcours für Kinder. Hinter dem Kletterpfad steht die *„Fatimakapelle“*, an der wir rechts vorbeigehen.

Wir treffen auf die Landstraße, überqueren diese und haben hier die ersten Gewerbegebäude von *Much* erreicht. Hinter diesen wenden wir uns nach links in die *Dr. Wirtz-Straße*. An einem Picknickplatz mit Bänken und Tisch gehen wir rechts durch ein Drängelgitter auf einen Fußweg, der uns an Gärten und Wiesen vorbeiführt, bis wir an der ersten Möglichkeit in ein kleines Wäldchen abbiegen. Hier geht es nun bergauf, aber schon bald haben wir die nächste Straße erreicht, die wir überqueren und durch eine Häuserreihe hindurch wandern *(Jägerweg)*. Ein paar Stufen führen hinab und wir kommen zur Hauptstraße, der wir nach links folgen. Wir befinden uns nun im Zentrum von *Much* mit verschiedenen Geschäften, Restaurants und Cafés. Kurz darauf erreichen wir den Kirchplatz der *katholischen Kirche St. Martinus*, dem Endpunkt unserer Etappe.

Übernachten in Much

❑ 200 m
➤ Hotel „Zur Schweiz"
Hauptstraße 10
53804 Much
Tel.: 02245-6913

❑ 700 m
➤ Haus Silbertal
Bockemsweg 12
53804 Much
Tel.: 02245-6119122
www.haus-silbertal.de

❑ 1,8 km
➤ Hotel Fit
Berghausen 30
53804 Much
Tel.: 02245-60010
www.hotel-fit.de

❑ 2 km
➤ Lindner Sport- und Aktiv-Hotel Kranichhöhe*
Bövingen 129
53804 Much
Tel.: 02245-6080
www.lindner.de

Taxi

❑ Taxi Knipp, Tel.: 02245-1212

Tourismus-Information

❑ Tourist-Information der Gemeinde Much
Hauptstraße 12
53804 Much
Tel.: 02245-610888
www.muchtourismus.de

Sehenswertes

❑ Burganlage Overbach
Burg Overbach 1
53804 Much
Tel.: 02245-5550

❑ Pfarrkirche St. Martinus
Hauptstraße 11
53804 Much

* Zertifizierter Gastgeber Bergisches Wanderland

10. Etappe: Much – Neunkirchen (15 km; 5 Std.)

Von Heinrich Bölls Zufluchtsort, im Schatten ausgedehnter Wälder, durch das stille Wahnbachtal

Ausgangspunkt: Auf dem *Kirchplatz* von *Much*.
Anfahrt: Eingabe für das Navigationsgerät: *Lindenstraße (Kirchplatz), 53804 Much*. Oder mit dem ÖPNV bis Haltestelle „*Much Kirche*".
Charakter: leicht, überwiegend breite Wege, wenig Steigung.
Einkehr: in Much, Gaststätte „Schublade", diverse Gaststätten in Neunkirchen. NeunkirchenNeunkirchen.

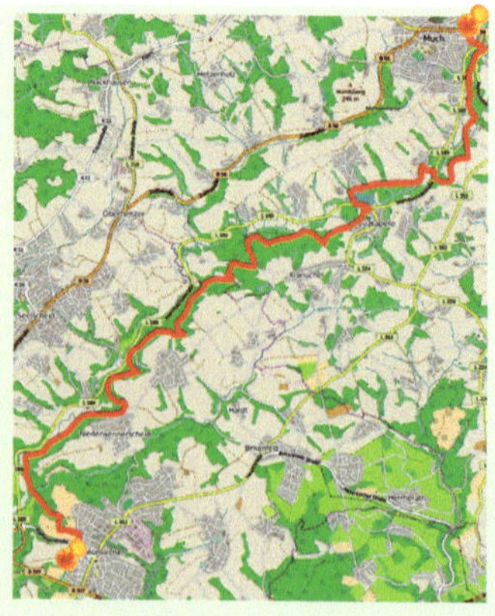

Los geht die 10. Etappe an der *katholischen Pfarrkirche St. Martinus*. Wir gehen an der Kirche vorbei, wenden uns an einem Etappenschild nach rechts, bis wir an der *Klosterstraße* links abbiegen und diese überqueren. Wir treffen auf die *Wahnbachtalstraße*, die wir wiederum überqueren, uns nach links wenden und über einen Parkplatz gehen.

Auf einer Holzbrücke gelangen wir über den *Oberen Wahnbach* und passieren ein *Denkmal für internierte Juden aus dem Siegkreis*. Auf einer Wiese

Heinrich Bölls Zeit in Much

In den Wirren des zweiten Weltkrieges – die Kölner Wohnung war von Bomben zerstört – fanden der spätere Literaturnobelpreisträger Heinrich Böll und seine Frau Annemarie zwischen 1944 und 1946 Zuflucht in Much. Aber auch diese Zeit war von Trauer überschattet: Das erste Kind des Ehepaares, Christoph Böll, wurde 1945 in Much geboren und starb wenige Monate später an den Folgen einer Durchfallerkrankung. Christoph Böll liegt auf dem Friedhof in Much-Marienfeld begraben.

Der 12 km lange „Böllweg" informiert über Stationen, die für das Ehepaar Böll von Bedeutung waren.

erblicken wir verschiedene Skulpturen des *Skulpturenweges Much*.

Wir gehen links den Berg hinauf, dem Verlauf des *Wahnbaches* folgend. Eine Brücke rechts ignorieren wir: Wir setzen unseren Weg geradeaus fort und wählen nach einigen hundert Metern an einer Weggabelung den rechten Abzweig. Wir erreichen eine Landstraße und wandern hinter einer Hauseinfahrt links in den Wald hoch. Hier ist es ziemlich steil! Oben angekommen, öffnet sich die Landschaft; wir biegen an einem verwitterten Wegekreuz rechts ab und wandern am Feldrand entlang. An einer Landstraße finden wir die ersten Stationen eines Kreuzweges. Wir überqueren die Straße und wandern geradeaus bergab in den Wald und ins *Wahnbachtal* hinein. Einen uns kreuzenden Weg ignorieren wir: Wir gehen weiter geradeaus. Abermals treffen wir auf eine Straße, die wir überqueren und rechts in eine asphaltierte Straße einbiegen.

Wir wandern durch den kleinen Ort *Leverarth* und folgen unserem Schild hinter einer Bushaltestelle links den Berg hinauf. Nach wenigen Metern wenden wir uns wiederum nach links, und bald darauf biegt unser Weg auf einem Schotterweg nochmals nach links ab. Hinter dem letzten Haus gabelt sich der Weg: Wir wählen die linke Möglichkeit und wandern den Fußweg entlang, der zu einem kleinen Pfad

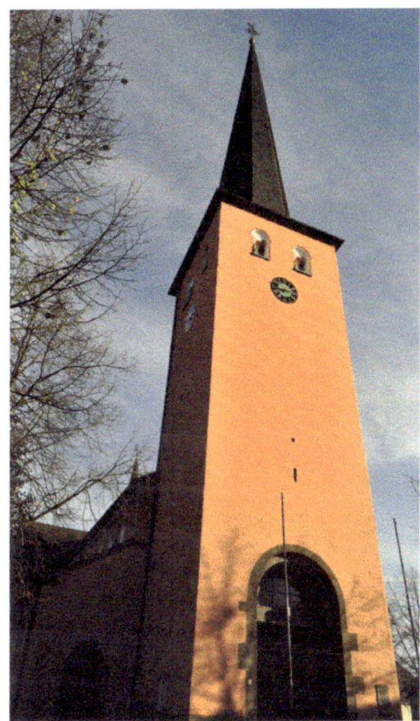

Die katholische Pfarrkirche St. Martinus in Much

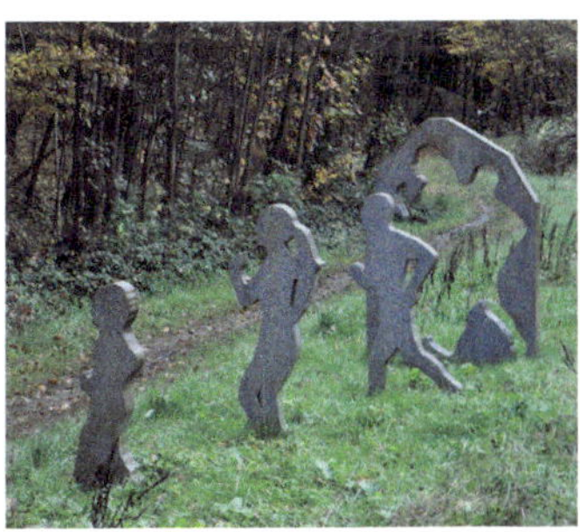

Viel Interessantes zu entdecken – der Skulpturenweg Much

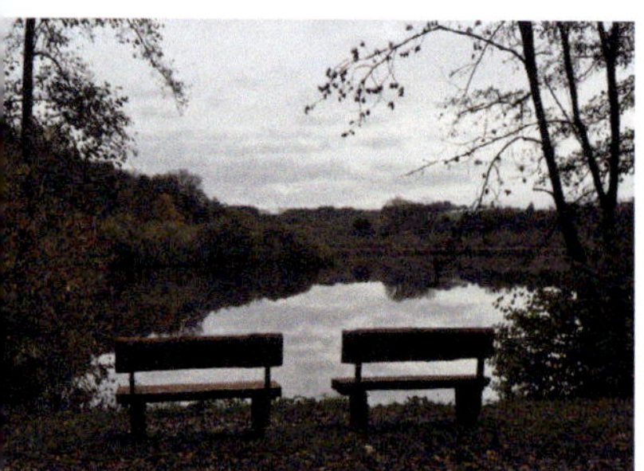

Hier kriegt man Lust auf eine Pause – am „Mucher Meer".

wird. Eine Abzweigung nach rechts ignorieren wir. Zu unserer Linken fließt der *Wahnbach*. Wir treffen auf eine asphaltierte Straße, wenden uns nach links und wandern ein Stück die Straße entlang bis wir den idyllischen *Herrenteich*, auch *„Mucher Meer"* genannt, erreichen. Hier laden uns zwei Bänke zu einer Rast ein.

Dann wandern wir am *Herrenteich* entlang bis zur *Wahnbachtalstraße*. (Hier haben wir die Möglichkeit in die *Gaststätte „Herrenteich"* mit Biergarten am See und Bootsverleih einzukehren.) Wir überqueren die Straße und biegen rechts ab in Richtung *Kreuzkapelle*. Dem ersten Abzweig nach rechts folgen wir dem asphaltierten Weg an den Häusern vorbei bergauf, dann hinter einem stallähnlichen Hausanbau einem schmalen Pfad bergauf. Nachdem wir die letzten Häuser hinter uns gelassen haben, gehen wir einen schmalen Pfad zwischen Bäumen und Sträuchern entlang. Einen Weg, der von links oben zu uns stößt, ignorieren wir und wandern weiter geradeaus. Hier haben wir einen schönen Blick ins Tal. Unser Weg gabelt sich: Wir halten uns rechts, folgen der Beschilderung *(Neunkirchen 9,5 km)* und gehen links, leicht ansteigend, den Berg hinauf. (Eine Abzweigung nach links ignorieren!) Wir treten aus dem Wald heraus und laufen zwischen Wiesen und Sträuchern her, bis wir auf einen Waldweg stoßen. Diesem folgen wir nach links bergauf. Im Wald halten wir uns in der Nähe eines Zaunes und gehen einen schwer erkennbaren Pfad entlang. Auf der rechten Seite befindet sich eine *Pferdekoppel*. Wir treffen auf einen breiteren Weg und folgen diesem nach rechts, bis wir auf eine asphaltierte Straße treffen. Wir laufen auf dieser rechts entlang, passieren den *„Hof Huppenhardt"* und wenden uns nach ca. 25 Metern links in den Wald hinein *(Neunkirchen 7,8 km)*. (Vorsicht: Dieser Abstieg hier ist sehr steil und im Herbst und Winter kann er zudem auch noch recht glatt werden.) Unten angekommen, wenden wir uns nach links und an einem Querweg abermals nach links, überqueren eine Lichtung und gehen schräg geradeaus weiter nach oben.

Eine Abzweigung nach links und einen Weg nach rechts ignorieren wir und gehen weiter geradeaus.

Hinter einer Bank biegen wir rechts auf einen Weg ein, der bergab führt.

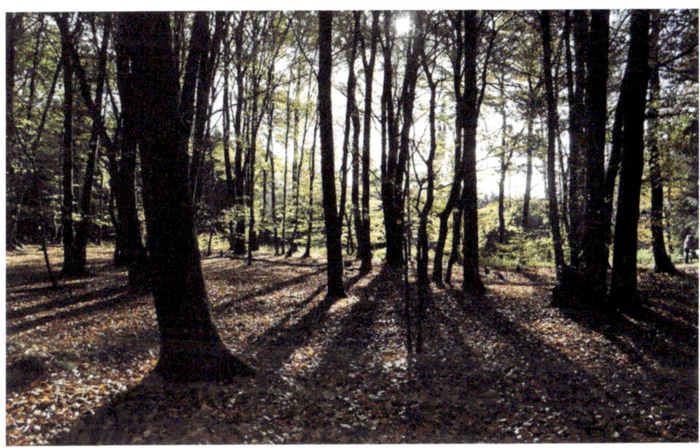

Spiel aus Licht und Schatten

Wir treffen abermals auf einen Weg, auf dem wir rechts weiter wandern, bis wir auf eine asphaltierte Straße treffen, der wir entsprechend des Schildes *(Neunkirchen 5,4 km)* rechts den Berg hinunter folgen. Wir überqueren die Straße, gehen einen Waldweg links hoch bis zu einem kleinen Bachlauf und dann nach rechts weiter. Wir treffen auf eine T-Kreuzung, wählen die rechte Möglichkeit und wenden uns danach nach links. Auf eine asphaltierte Landstraße treffend, gehen wir diese rechts hinunter. Die erste Möglichkeit links nehmen wir und erblicken den *Wahnbach*, der rechter Hand neben uns dahinplätschert. Eine Brücke über den Wahnbach ignorieren wir und gehen weiter geradeaus. Wir erreichen eine Kreuzung und setzen unseren Weg geradeaus fort. An einer Weggabelung wählen wir den linken Weg *(Neunkirchen 1,8 km)* und treten bald darauf aus dem Wald heraus. Wir überqueren rechts eine Wiese und folgen links einem Weg bergauf zu den ersten Häusern von *Neunkirchen*. An der nächsten Kreuzung biegen wir zunächst rechts in die *Dahlerhofer Straße* ein und dann rechts in die *Raiffeisenstraße*, der wir folgen bis wir hinter dem letzten Grundstück links abbiegen. Nach einigen hundert Metern erreichen wir die *Schmiedestraße*. Hier haben wir einen wunderschönen Blick über das *Wahnbachtal* und die Ortschaften *Pohlhausen* und *Seelscheid*. Wir folgen der *Schmiedestraße* nach Neunkirchen hinein, biegen bald darauf in einer Rechtskurve links ab und folgen rechts der *Raiffeisenstraße*, die uns zu unserem Etappenziel, der katholischen *Pfarrkirche St. Margareta* bringt.

Übernachten in Neunkirchen

- ca. 20 m
  ➤ Hotel auszeit
  Hauptstraße 39
  53819 Neunkirchen-Seelscheid
  Tel.: 02247-90004020
  www.hotels-auszeit.de

- ca. 400 m
  ➤ Hotel Kurfürst
  Hauptstraße 13
  53819 Neunkirchen-Seelscheid
  Tel.: 02247-3080
  www.hotelkurfuerst.de

Taxi

- Taxi Weiss, Tel.: 02735-656365

Tourismus-Information

- Gemeinde Neunkirchen-Seelscheid
  Hauptstraße 78
  53819 Neunkirchen-Seelscheid
  Tel.: 02247-303-0
  www.neunkirchen-seelscheid.de

Sehenswertes

- Katholische Kirche St. Margareta
  Pfarrer-Schaaf-Str. 16
  53819 Neunkirchen-Seelscheid

11. Etappe: Neunkirchen – Hennef (19,5 km; 6 Std.)

Entlang der Wahnbachtalsperre, vorbei am ehemaligen Kloster Seligenthal, ins Tal der Sieg

Ausgangspunkt: Katholische Pfarrkirche St. Margareta.

Anfahrt: Eingabe ins Navigationsgerät: *Raiffeisenstraße 2* (Kreisverkehr vor der Pfarrkirche St. Margareta), *53819 Neunkirchen.* Oder mit dem ÖPNV bis Haltestelle *„Neunkirchen Post"*.

Charakter: leicht, überwiegend breite Wege mit nur wenigen Steigungen.

Einkehr: in Neunkirchen, Happerschoß, Kloster Seligenthal.

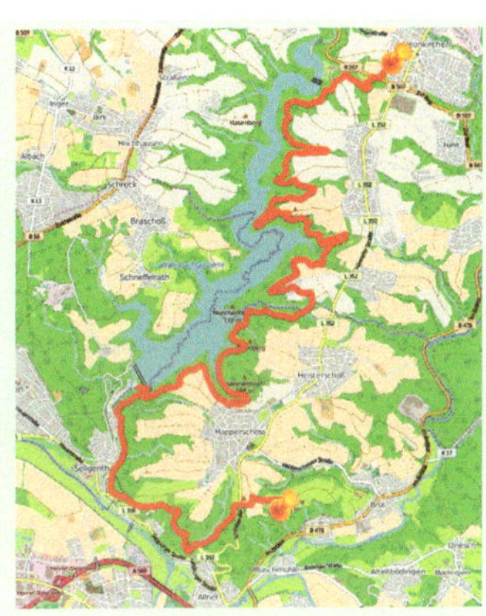

Unsere Etappe beginnt an der *katholischen Pfarrkirche St. Margareta*. Wir gehen am Kreisverkehr vor der Kirche in Richtung *Raiffeisenstraße*. Dieser folgen wir bis zum Ortsausgangschild, biegen dort nach links ab und gehen zunächst an Gärten entlang, bis wir zu einem Schotterweg kommen, an dem wir wieder links gehen. Wenige Meter dahinter wenden wir uns nach rechts. Wir erreichen den Etappenstein *Neunkirchen-Seelscheid*, biegen hier rechts ab, gehen an *Tennisplätzen* vorbei und überqueren einem Parkplatz.

Wir erreichen die *Bundesstraße B 507*, der wir einige Meter nach rechts

„Man geniesst die Natur auf keine andere Weise so schön als beim langsamen, zwecklosen Gehen."

Wilhelm von Humboldt

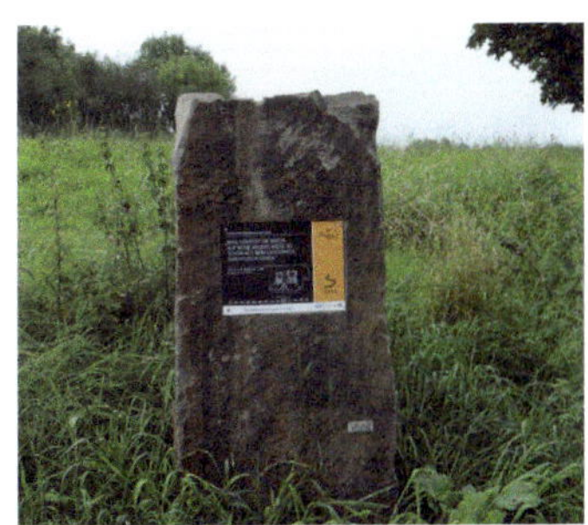

folgen, bevor wir sie überqueren, um dann nach links auf einen kleinen Pfad einzubiegen. Unser Weg führt uns bergab durch ein kleines Waldstück bis zu einer asphaltierten Straße. Hier wenden wir uns nach links und halten uns dann hinter einer Linkskurve an einer Gabelung nochmals links *(Hennef: 22,5 km)*. Abermals gabelt sich unser Weg: Wir gehen jedoch geradeaus weiter.

Laut Schild betreten wir nun das *Wahnbachtal*. Wir bleiben für längere Zeit auf einem breiten Waldweg. Das Wasser der *Wahnbachtalsperre* kann man schon durch die Blätter der Bäume glitzern sehen. Abzweigende Wege beachten wir nicht. Bald erreichen wir die ersten von mehreren „Wanderer-Entspannungsbänken", die wir auf dieser Etappe öfter vorfinden werden und uns sehr zum Rasten und Genießen einladen.

Weiter geht's nach einer Rast auf unserem breiten Waldweg. Wir bleiben für längere Zeit in der Nähe der *Wahnbachtalsperre*: Unser Weg verläuft in einem sanften Auf und Ab immer in Wassernähe. Ein Etappenschild macht uns darauf aufmerksam, dass der *Bahnhof* von *Wolperath* nur 1 Kilometer entfernt ist. (Wer will, kann hier den Weg unterbrechen.)

Wir wenden uns nach links leicht den Berg hinauf und an einer Schranke vorbei. Nach einiger Zeit erreichen wir eine asphaltierte Straße und biegen scharf rechts ab. Unser Weg führt uns zunächst an Wiesen und am Waldrand vorbei. Hier verläuft auch der *Erlebnispfad Sieg*. Wir erreichen bald eine blaue Schautafel, die uns über die *Wahnbachtalsperre* informiert. Unser Weg verläuft nun leicht bergab und nach einer längeren Strecke aus dem Wald heraus. An einem Hochsitz biegen wir nach rechts ab und wandern am Waldrand entlang, bis wir an einer Gabelung nach rechts abbiegen.

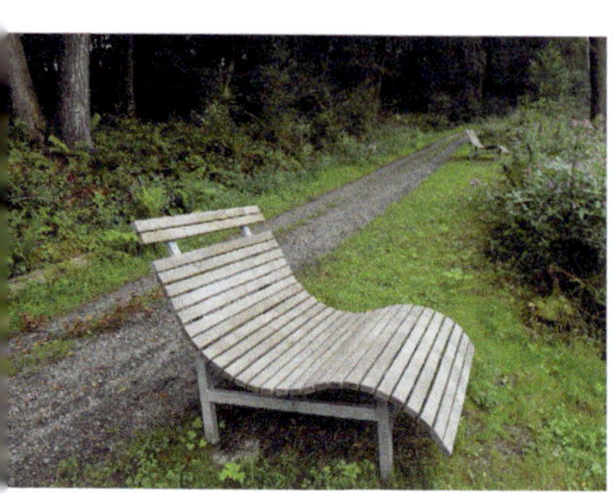

Laden zum Verweilen ein – die Wanderer-Entspannungsbänke

Wir kommen aus dem Wald heraus und erreichen eine Schutzhütte mit Schautafeln, die uns über Natur und Technik rund um die Wahnbachtalsperre informieren. Auch die luxuriösen „Wanderer-Entspannungsbänke" treffen wir hier wieder an. An dieser Stelle öffnet sich der Wald und wir haben einen wunderbaren Blick auf die Talsperre.

Wir setzen unseren Weg auf dem asphaltierten Weg geradeaus fort, der bald in einen Schotterweg übergeht. Wir passieren eine rot-weiß gestreif-

Wahnbachtalsperre

Die Wahnbachtalsperre wurde im April 1958 in Betrieb genommen und versorgt gut 780.000 Menschen in Bonn, im Rhein-Sieg-Kreis und im Landkreis Ahrweiler mit Trinkwasser. Die Talsperre wird überwiegend aus dem Wahnbach gespeist. Im Bereich des heutigen Stauraums befanden sich zwei Bauernhöfe, eine Mühle und eine Gaststätte. Die Bewohner mussten umgesiedelt werden, die Gebäude wurden abgerissen. Nur einige Brücken befinden sich noch im Inneren des Stausees, die bei geringem Wasserstand, wie zuletzt 2008, zu sehen sind.

te Schranke. Am nächsten Hinweisschild *(Hennef 16,4 km)* biegen wir rechts ab und wandern auf einem breiten Weg weiter, bis wir zu einem kleinen Pfad kommen, der uns zunächst nach links leicht schräg an einem Hang entlangführt. Unter uns plätschert ein Bach. Unser Weg verläuft in Schleifen recht steil den Berg hinauf. (Wer mag, kann auch die noch steilere Variante geradeaus den Berg hinauf wählen.) Oben angekommen, erreichen wir wieder unsere breite Wander-Autobahn. Wir biegen hier rechts ab, wandern eine Zeitlang am Waldsaum entlang und treten dann aus dem Wald heraus. Auf einem asphaltierten Weg geht es an einer Wiese entlang bis zur nächsten Abbiegung, an der wir uns nach rechts wenden. Hier erblicken wir auch schon die ersten Häuser von *Pinn*. Am nächsten Querweg wandern wir nach links weiter und in die malerische Ortschaft hinein. Unser Weg führt uns an einer Galerie, an reizvollen Fachwerkhäusern und schönen Bauerngärten vorbei, bis wir am Ende des Ortes rechts auf ein Sträßchen abbiegen.

Diese kleine Straße führt uns an einer Streuobstwiese vorbei ins Tal hinab, bis wir an der ersten Möglichkeit rechts abbiegen und dann an einer Gabelung abermals nach rechts abbiegen. Unser Weg wird schmaler und führt uns durch dichte Brombeerhecken in den Wald hinein. Vorsicht! Hier kann der Weg ziemlich matschig sein! Wir erreichen einen schmalen Bach, den wir überqueren. Auf der anderen Seite geht es geradeaus weiter. An der nächsten T-Kreuzung wenden wir

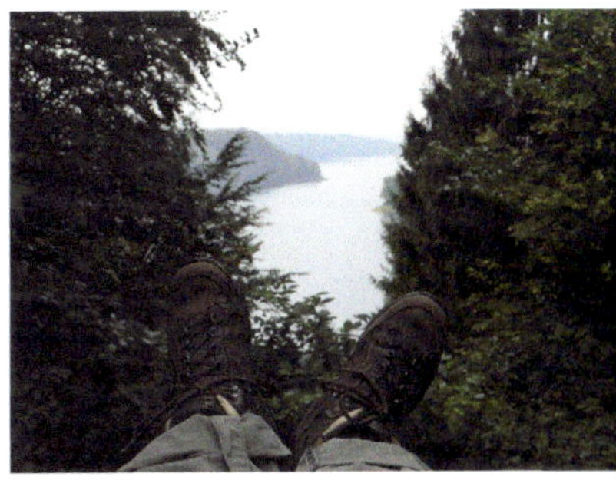

So lässt es sich aushalten – Entspannung pur mit grandiosem Blick!

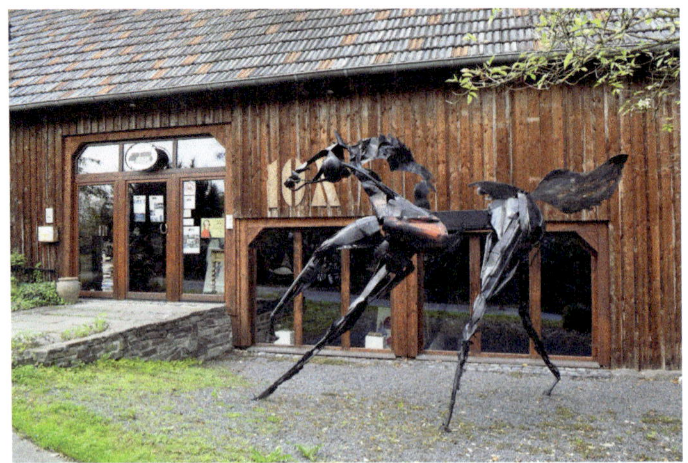

Kunstobjekt vor der Galerie „Sattelgut" in Pinn

uns nach rechts *(Hennef 8,5 km)*; unser Weg ist hier wieder breiter. Nach kurzer Zeit zweigt unser Weg nach rechts ab und nach ca. 50 Metern, hinter einer Schranke, biegt er erneut nach rechts ab. Wir erreichen wieder unsere schöne *Wahnbachtalsperre* und wandern auf einem Pfad direkt am Wasser eines Seitenarms entlang. Bald verlassen wir unseren schmalen Weg, erreichen einen breiteren Weg, der von oben kommt und auf den wir nach rechts einbiegen. Wir wandern immer in der Nähe des Wassers, das je nach Lichteinfall durch seine smaragdgrüne Farbe fasziniert.

Auf einer Brücke überqueren wir einen Talsperrenzufluss, verlassen nun auch unseren breiten Weg und wandern auf der anderen Seite auf einem schmalen Weg den Berg hinauf. Oben angekommen, laufen wir am Waldrand entlang, stoßen auf einen Feldweg und wenden uns nach rechts Richtung *Happerschoß*. (Hier kann man die 10. Etappe des Bergischen Weges abkürzen, indem man den blau markierten Zuweg links nach *Happerschoß* folgt und dann dem Wanderweg *X 12* folgt, bis er wieder auf den *Bergischen Weg* stößt.)

Wir laufen den regulären Weg weiter, bis wir nach ca. 70 Metern vor den ersten Häusern von *Happerschoß* nach rechts abbiegen und auf einem Schotterweg an den Häusern vorbeigehen, bis wir an einer Gabelung die rechte Möglichkeit wählen und leicht bergab laufen. Einen Weg, der von links oben kommt, ignorieren wir. Nochmals gabelt sich unser Weg: Wir

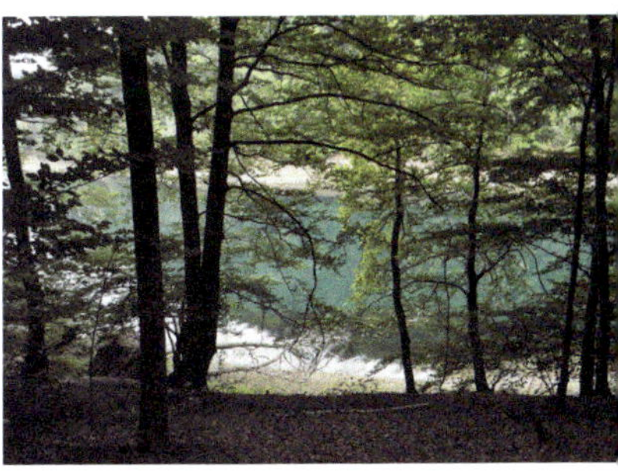
Das Wasser der Wahnbachtalsperre fasziniert durch seine smaragdgrüne Färbung.

wählen wiederum rechts den Weg und laufen nun auf einem breiten Weg am Waldrand entlang, wo wir nach kurzem einen Querweg erreichen, den wir abermals rechts hinuntergehen. Wir treten aus dem Wald heraus und wandern an Wiesen vorbei bis wir auf einen gepflasterten Feldweg mit Bank treffen; hier biegen wir rechts ab, bis wir wieder in den Wald eintreten und eine Kreuzung erreichen. Wir bleiben geradeaus auf unserem Weg, bis ein schmaler Weg nach rechts abbiegt und uns an die *Staumauer* der Wahnbachtalsperre heranbringt. Hier finden wir eine ausgesprochen moderne Schutzhütte vor.

Wir überqueren die Staumauer nicht, sondern gehen geradeaus daran vorbei. Unser Weg wird schmaler und führt uns zunächst durch junge Bäume und Gestrüpp Richtung *Kloster Seligenthal*. (Dort gibt es eine Einkehrmöglichkeit.) Weiter geht es steil bergab über Steine und Wurzeln. Gut, dass es hier immer wieder Bäume zum Festhalten gibt! Unten folgen wir einem Schotterweg nach rechts, bis uns der Weg nach rechts auf einen schmalen Pfad hoch in den Wald führt *(Hennef 4,5 km)*. Dieser stößt bald auf einen größeren Weg, dem wir nach rechts folgen. Linkerhand fließt ein Bach. Wir kommen am *„Quell der Hoffnung"* vorbei; ein Info-Schild erläutert Näheres. Wir wandern auf der Rückseite der Seligenthaler *Kirche St. Antonius* vorbei (sie gilt als die älteste erhaltene Franziskanerkirche nördlich der Alpen), passieren einen *Spielplatz* und gehen geradeaus weiter. Die Beschilderung ist hier leider etwas unklar. Wir wandern am Waldrand entlang und unser Weg wird wieder schmaler. Nachdem wir einen Bach überquert haben, wandern wir den Berg hinauf, bis wir auf einen breiteren Weg treffen, der uns leicht bergab führt. Wir gehen hier parallel zum Bach und an Häu-

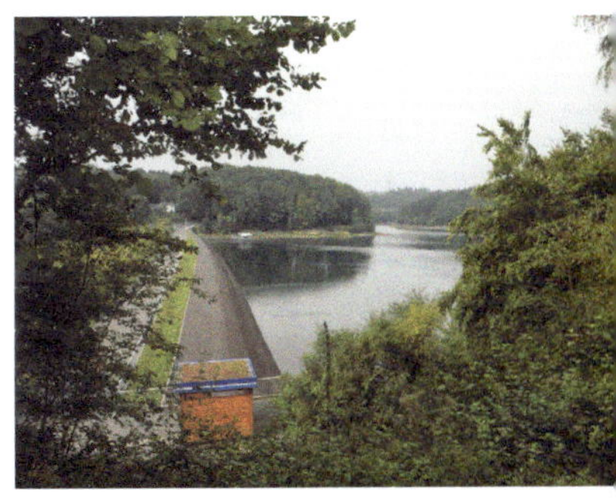
Staumauer der Wahnbachtalsperre

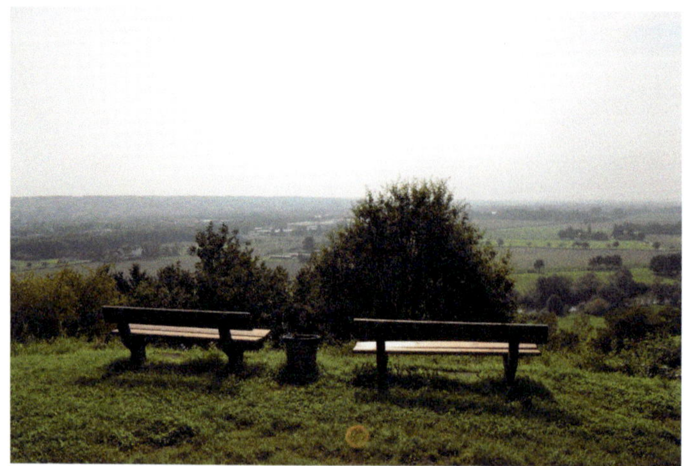

Mit viel Glück erspäht man von hier bei klarem Wetter sogar den Kölner Dom.

sern eines Neubaugebiets vorbei. An der nächsten Abzweigung biegen wir nach links ab. Unser Pfad wir schmaler und führt uns steil bergauf: Seile zum Festhalten sichern unser Fortkommen! Oben angekommen treffen wir auf die Straße *Auf dem Kellersberg*, der wir geradeaus in den Ort hinein folgen. An der ersten Möglichkeit biegen wir nach links ab. Noch ist unser Weg asphaltiert, aber nach nur wenigen Metern wandelt er sich in einen Hohlweg, der uns erneut auf Häusern zuführt. Auf der Straße *Wellerscheid* gehen wir auf einem Schotterweg entlang, bis sich nach wenigen Metern der Weg gabelt. Wir wählen die linke Möglichkeit und wandern in den Wald hinein. Bald haben wir viele schöne Blicke auf *Hennef*, allerdings dringt jetzt auch der Lärm der Stadt zu uns hinauf. Unter uns schlängelt sich die schöne *Sieg*. Zwei Bänke laden zur Rast ein.

Von hier aus kann man bei klarem Wetter einen unglaublichen Blick auf *Siegburg*, *Bonn*, den *Petersberg* und weit in der Ferne auch auf den *Kölner Dom* genießen.

Wir setzen unseren Weg geradeaus fort, vorbei an „Wanderer-Entspannungsbänken" und einem *Wegekreuz*. Einen von links kommenden Weg beachten wir nicht. Unser Weg wird breiter und führt uns erneut in den Wald hinein. Rechts und links ist der Weg gesäumt von Brombeeren.

An der nächsten Gabelung wenden wir uns nach links. Eine Markierung

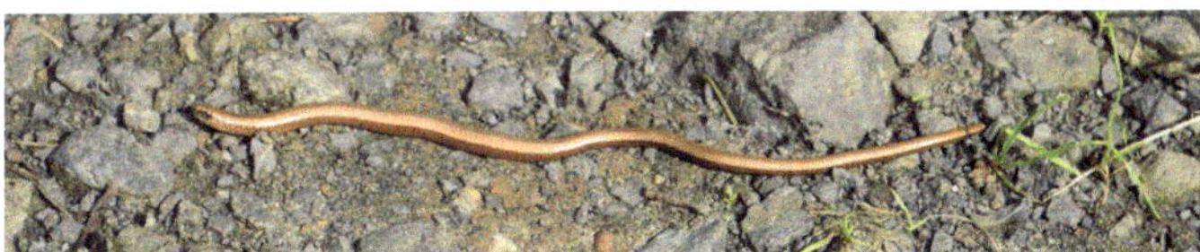

Auch das kann man am Bergischen Weg bewundern: eine Blindschleiche – keine Schlange, sondern eine Eidechsenart.

am Baum weist uns bald darauf nach rechts, allerdings erst hinter dem Baum und nicht davor, wie man fälschlicherweise annehmen könnte. Der Pfad geht bergab durch den Wald; man hört schon die Autos der nahen Straße. Unten angekommen, steigen wir mithilfe zweier breiter Steine über einen Bach. Unser Weg ist hier schmal und kann recht matschig sein. Er führt uns bergan bis wir auf einen breiteren Weg treffen, dem wir nach links folgen. Hinter einer Bank geht es rechts hoch, bis zu einer Straße *(L 352)*, die wir überqueren; links von uns liegt *Happerschoß*. Wir wandern geradeaus weiter – einen rechts abzweigenden Weg ignorieren wir – zwischen Wiesen und Feldern hindurch. Hier hat man einen wundervollen Blick ins Bergische Land.

Wir stoßen auf einen Querweg, dem wir nach rechts folgen; den nächsten Abzweig nach rechts beachten wir nicht und gehen geradeaus weiter. Das Schild am Baum ist hier nicht gut zu erkennen. Auf einer schönen Wiese biegen wir nach rechts ab und gehen leicht bergab in Richtung Wald. Wir treffen auf einen querenden Weg, dem wir nach rechts folgen. Auch hier ist das Schild am Baum schon so stark verwittert, das es nicht mehr gut zu erkennen ist. Im Wald erreichen wir das offizielle Etappenende mit Etappenstein.

Der Zuweg ist hier nicht ausgeschildert; man kann allerdings der Beschilderung nach Richtung *Hennef* (3,3 km) weitergehen.

Hinter dem Etappenstein gehen links Treppenstufen hinunter, die uns zur Straße *Im Bröltal* führt. Auch hier gibt es die Möglichkeit, man die Etappe beenden, zumal es Parkmöglichkeiten und eine Bushaltestelle gibt.

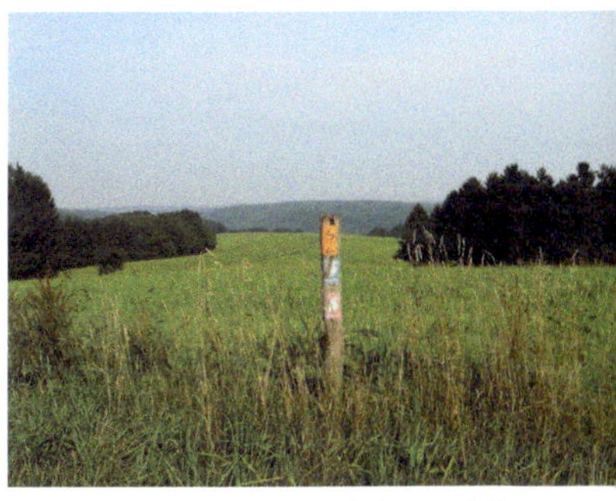

Was will man mehr – wunderbarer Blick und gute Orientierung!

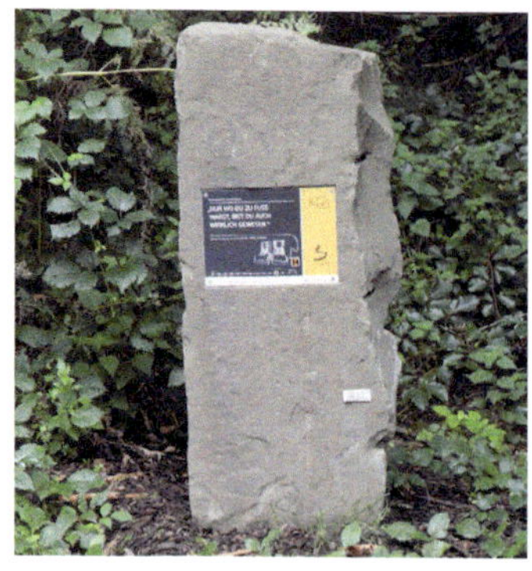

„Nur wo du zu Fuß warst,
bist du auch wirklich gewesen."

Johann Wolfgang von Goethe

Übernachten in Hennef

❑ ca. 3,0 km (ab „Im Bröltal")
➔ Hotel Marktterrassen
Frankfurter Straße 98
53773 Hennef
Tel.: 02242-91337-0
www.hotel-marktterrassen.de

❑ ca. 3,5 km (ab „Im Bröltal")
➔ Hotel Johnel
Frankfurter Straße 152
53773 Hennef
Tel.: 02242-969830
www.hoteljohnel.de

Taxi

❑ Taxi Stern, Tel.: 02242-3088

Tourismus-Information

❑ Tourist-Info der Stadt Hennef
Frankfurter Straße 97
53773 Hennef
Tel.: 02242-19433
www.tourismus-hennef.de

Sehenswertes

❑ Dauerausstellung „Gewichte, Waagen und Wägen im Wandel der Zeit"
Beethovenstraße 21
53773 Hennef

❑ Kur-Theater Hennef
Königsstraße 19 A
53773 Hennef
Tel.: 02242-866727
www.kurtheaterhennef.de

* Zertifizierter Gastgeber Bergisches Wanderland

12. Etappe: Hennef – Stadt Blankenberg (13,7 km; 4,5 Std.)

Von der Wiege aller Jugendherbergen über aussichtsreiche Blick bis ins mittelalterliche Blankenberg

Ausgangspunkt: Der offizielle Etappenbeginn liegt mitten im Wald. Entweder am *Bahnhof Hennef über den Zuweg* bis zum Etappenbeginn wandern oder den Weg an der *Richard-Schirrmann-Schule* in Hennef-Bröl fortsetzen.

Anfahrt: Eingabe für's Navigationsgerät: *Im Bröltal 7, 53773 Hennef* oder *Bahnhof Hennef* und dann über den Zuweg bis zum Etappenbeginn. Parkmöglichkeiten am Wochenende an der Schule, sonst in einer Seitenstraße.
Oder mit dem ÖPNV bis Haltestelle *„Im Bröltal"* oder *„Hennef Bahnhof"*, dann über den Zuweg bis zum Etappenbeginn.

Charakter: mittel, kurze schöne Wanderung, jedoch sehr starker Abstieg hinter dem Stachelberg.

Einkehr: In Hennef, Stein (Hotel Steinhof) und Blankenberg.

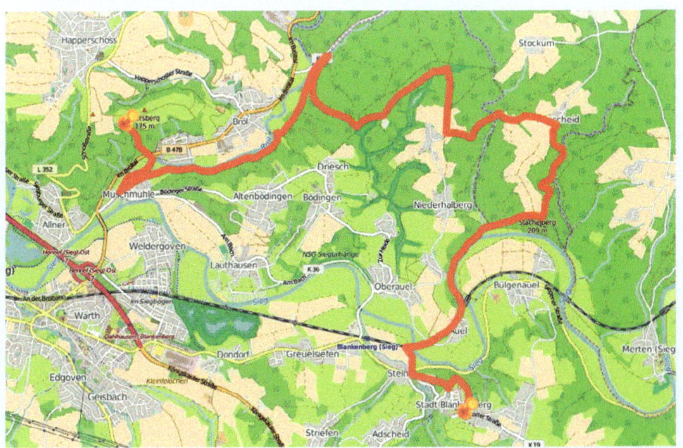

Unsere Etappe beginnt offiziell am *Bahnhof Hennef*. Wer sich den 3,3 km langen Zuweg sparen will, kann auch an der Straße *Im Bröltal* auf Höhe der *„Richard-Schirrmann-Schule"* in *Hennef-Bröl* starten.

Wir überqueren die Straße *Im Bröltal* und biegen rechts und dann direkt nochmals rechts ab. Unser Weg verläuft nun über weite Strecken identisch

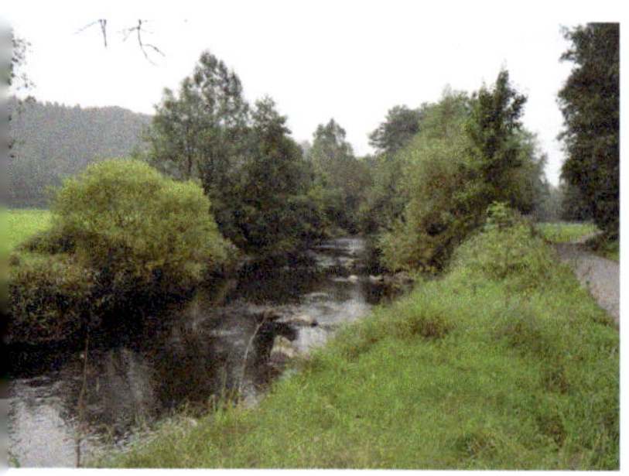

Nur keinen Stress – gemächlich fließt die Bröl vor sich hin.

mit dem *Natursteig Sieg*. Wir laufen zunächst an der *Bröl* entlang, vorbei an Wiesen und an einem Spielplatz. Hier biegen wir nach links ab, überqueren die *Bröl* auf einer Brücke und wandern auf der anderen Seite nach links weiter.

Der asphaltierte Weg *(Bröldamm)* führt uns an Häusern und Gärten vorbei und durch Wiesen hindurch. Wir laufen auf einen Wald zu, biegen vor diesem links ab und gehen auf einem breiten Weg am Waldrand und an der *Bröl* entlang. Nach einigen hundert Metern geht es den Berg hinauf; unser Weg zweigt hier nach rechts ab – wir gehen aber geradeaus weiter. Unter uns fließt noch immer die *Bröl* gemächlich vor sich hin. Wir erreichen einen *Angelteich* (abzweigende Wege interessieren uns nicht), und stoßen auf eine asphaltierte Straße, der wir nach rechts folgen *(Stadt Blankenberg 11,7 km)*. Nach ca. 50 Metern biegen wir links ab und wandern am Waldrand entlang. Am nächsten Querweg wenden wir uns nach links und setzen unseren Weg auf einem breiten Waldweg fort. Wir stoßen wieder auf die *Bröl*. Ein Weg trifft von links auf unseren, wir bleiben aber auf dem Hauptweg und biegen hier rechts ab, bis wir nach kurzer Zeit den breiten Weg verlassen und rechts den Berg hoch an einer Schranke vorbeigehen. Aufpassen! Den Weg kann man schnell übersehen! Ca. 20 Meter hinter der Schranke gabelt sich der Weg: Wir wählen die rechte Möglichkeit. Unser Weg wird schmal und führt uns einen ziemlich steilen Berg hinauf. Oben angekommen ist man garantiert ins Schwitzen gekommen! Einen von links kommenden Weg ignorieren wir und erreichen einen Querweg, dem wir zunächst nach rechts und direkt danach nach links folgen *(Blankenberg 9,7 km)*. Unser Weg ist noch immer ein breiter Waldweg.

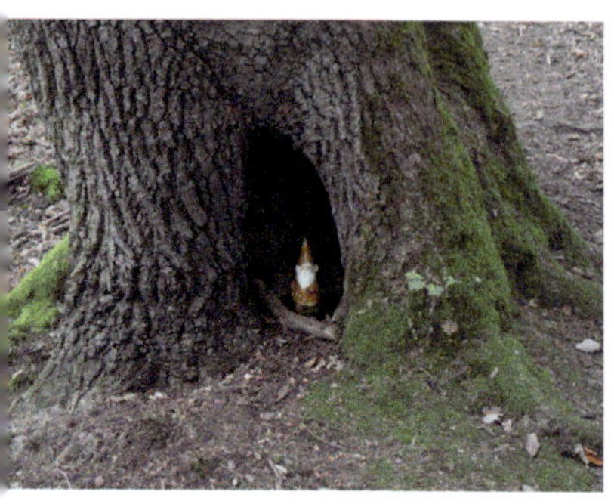

Hier hat sich wohl jemand verlaufen!

Kurz darauf gabelt sich unser Weg: Wir nehmen den schmaleren

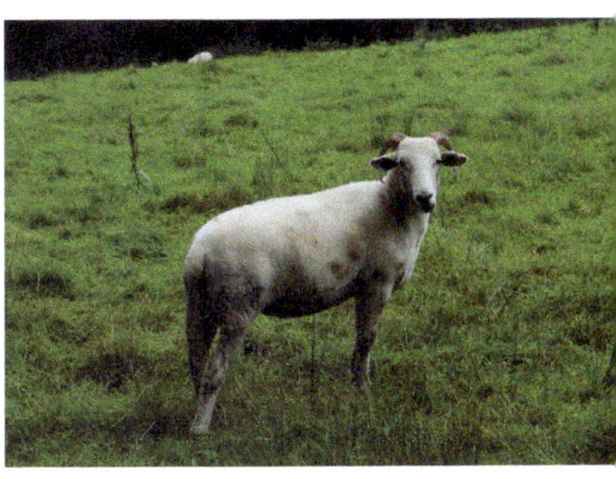
Was wollen nur die ganzen Wanderer hier?

linken Weg. Dieser verläuft abwechselnd durch schönen alten Baumbestand und durch Neuanpflanzungen, ist abwechselnd Nadel- und Laubwald, ist manchmal breiter und manchmal schmaler und mitunter ziemlich matschig. Kleine abzweigende Wege beachten wir nicht. Nach einer ganzen Weile biegen wir an einem querenden Weg rechts ab und an der nächsten Gabelung nach links. Vorsicht! Hier ist kein Hinweisschild! Wir gehen über eine Lichtung (einen abzweigenden Weg ignorieren wir) und wandern kurz darauf wieder in den Wald hinein. Hier kann es ausgesprochen matschig sein! Wir queren ein kleines Waldstück und gehen am Wald- und Feldrand entlang, treffen auf einen Querweg und folgen diesem nach rechts. Unser Weg ist nun ein breiter Schotterweg, der uns an einem Feld entlang führt. An der nächsten Gabelung gehen wir nach links (die Markierung am Baum ist kaum noch zu erkennen) und wandern an Wiesen vorbei.

Wir erreichen zwei direkt hintereinander liegende Kreuzungen im Wald. Zunächst gehen wir nach links und dann sofort nach rechts über eine kleine Brücke über einen Bach und dann leicht den Berg hinauf. An einer Wiese zweigt der Weg nach rechts ab: „Wir wandern aber geradeaus weiter, am Waldrand und an Wiesen vorbei. Einen abzweigenden Weg, der links in den Wald führt, beachten wir nicht, sondern bleiben auf dem asphaltierten Weg, der uns den Berg hinauf und zur Ortschaft *Honscheid* führt. Am Ortseingangsschild gabelt sich der Weg: Wir gehen links in die Ortschaft hinein und auf eine Kapelle zu.

Direkt hinter der *Kapelle Zu Ehren der Mutter Gottes und der Hl. Agatha* setzt sich der *Bergische Weg* nach rechts fort und wir wandern einen schmalen Weg durch den Wald bergab bis wir auf einen breiten Querweg treffen, dem wir nach rechts folgen. An der nächsten Möglichkeit biegt unser Weg nach rechts ab *(Blankenberg 5,2 km)*; bis zum *Stachelberg* sind es noch 0,8 Kilometer. Hier wird schon vor dem Abstieg, der alpin anmutet, gewarnt! Nachdem wir schon eine Zeit lang den Berg hoch gewandert sind, biegen wir auf einem kleinen Pfad rechts ab Richtung Gipfel des *Stachelberges*. Hier springen bei guten Aufwinden Drachenflieger und Paraglider von der Abflugschanze ins Tal. Mutige können einen Tandem-

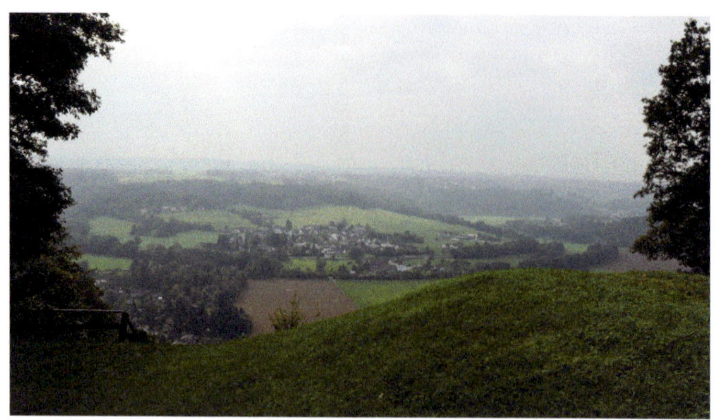

Wer traut sich? Abflugschanze auf dem Gipfel des Stachelberges

sprung wagen! Wir finden zudem eine Schutzhütte und Bänke vor und tanken bei einem grandiosen Ausblick ins Tal und auf unser Etappenziel *Blankenberg* noch einmal Kraft für den bevorstehenden Abstieg.

Wir queren die *Abflugschanze* und gehen hinter der Schutzhütte in den Wald hinein. Hier erwartet uns ein wirklich sehr steiler, teilweise felsiger Abstieg, der uns hinunter ins Tal und zur *Sieg* führt. Unter angekommen biegen wir auf einem asphaltiertem Weg nach rechts ab und laufen entlang der schönen *Sieg*. Bald gabelt sich der Weg: Wir wenden uns nach links bis wir auf eine *Eisenbahnbrücke* treffen, vor der wir rechts bergauf gehen und wandern an Feldern und Wiesen entlang in Richtung *Auel*. Unsere Markierung führt uns nicht in den Ort Auel hinein – das ist schade, denn ein kleiner Abstecher in das malerische Örtchen mit seinen historischen Fachwerkhäusern lohnt sich.

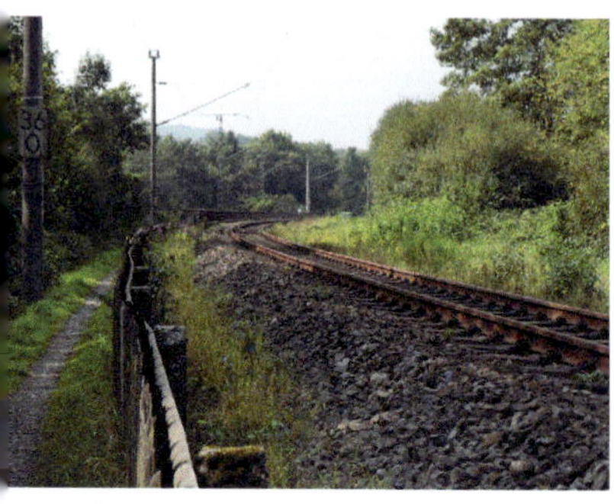

Nicht nur durch Wald und Flur

Wir gehen geradeaus (ein nach rechts abbiegender Weg interessiert uns nicht) bis wir eine Straße erreichen und links abbiegen.

Wir überqueren *Bahnschienen* und

direkt dahinter wenden wir uns nach rechts auf einen schmalen Weg, der uns an den Schienen entlangführt. Von hier aus hat man schon den ersten Blick auf die *Burg Blankenberg*.

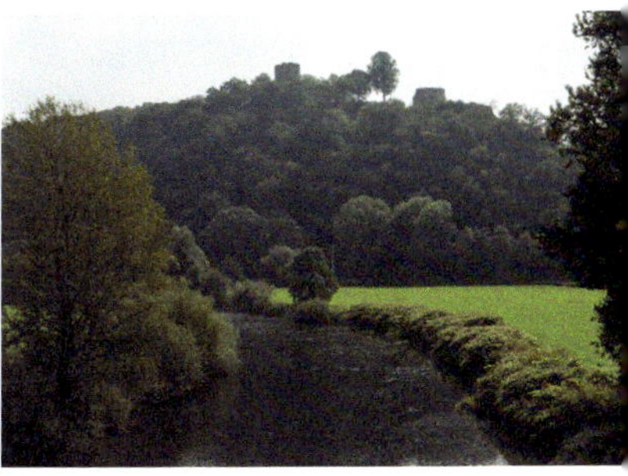

Romantik pur – die Sieg und im Hintergrund die Burgruine Blankenberg

Wir überqueren auf einer Eisenbahnbrücke die *Sieg*, wenden uns nach links und an einem Querweg nach rechts auf die Ortschaft *Stein* zu. (Hier gibt es verschiedene Einkehrmöglichkeiten.)

Am Ortseingangsschild überqueren wir die Straße, gehen über den Parkplatz der *Naturwerkstatt Hennef*, wenden uns dann nach links, folgen der Straße vorbei an der *„Steiner Mühle"* bis wir nach ca. 50 Metern über Stufen hoch in den Wald hineingehen. Der Weg führt später einige Stufen hinab, bis zu einem asphaltierten Weg, dem wir nach links den Berg hinauf folgen. Wir erreichen eine Straße: Hier ist keine Beschilderung zu sehen, aber wir folgen der Straße nach links bis wir den Parkplatz der *Burg Blankenberg* erreichen. Ein Besuch der Burganlage lohnt sich auf jeden Fall.

Wir wandern den Berg weiter hoch in Richtung *Stadt Blankenberg*, gehen jedoch nicht bis zum Ortseingangschild, sondern biegen ca. 20 Meter vorher links ab und steigen ein paar Stufen hoch.

Wir wandern über Wiesen in einem Bogen auf die mittelalterliche Stadtmauer mit ihren Türmen zu. Von einem Aussichtspunkt hat man nochmal einen unglaublichen Blick ins *Siegtal* und auf den gegenüberliegenden *Stachelberg*.

Burgruine Blankenberg

Die Burgruine Blankenberg liegt auf einem 152 m hohen Bergkamm oberhalb der Sieg. Sie wurde zwischen 1150 und 1180 von den Brüdern Grafen von Sayn errichtet. Die Burganlage wurde während des 30-jährigen Krieges fast vollständig zerstört. Erhalten geblieben sind, neben einem Bastionsturm aus dem 15. Jahrhundert und einem Bergfried, Reste des Palas, des Pfortenhauses und einer Kapelle. Die Burgruine kann besichtigt werden.

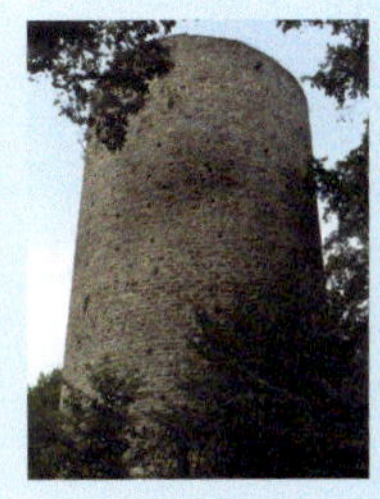

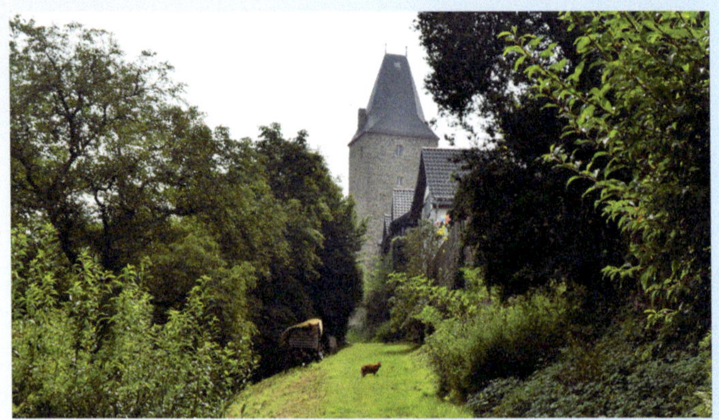

Ein Bild wie aus vergangenen Jahrhunderten: die alte Stadtmauer mit dem Katharinenturm

Stadt Blankenberg

Wenn man heute durch die Gassen, entlang der Stadtmauer und der historischen Gebäude schlendert, ist sie fast fühlbar: die mehr als 800-jährige Geschichte der Stadt Blankenberg. Im Jahre 1171 erstmals urkundlich erwähnt, erhielt die Siedlung Blankenberg, die rund um die Burg entstanden war, 1245 die Stadtrechte. Heute hat sie keine Stadtrechte mehr, darf den Zusatz „Stadt" aber weiterhin in ihrem Namen tragen.

Der Name „Blankenberg" begründet sich wohl auf den „blanken Berg", also kahlen Felsen, der schon von Weitem sichtbar war.

Stadt Blankenberg steht in seiner Gesamtheit seit 1992 unter Denkmalschutz.

Wir erreichen die Stadtmauer und gehen durch eine Öffnung durch sie hindurch.

Über Stufen geht es bergab; an einer Gabelung halten wir uns links und gehen auf einem schönen Wiesenweg hinter historischen Fachwerkhäusern an der Stadtmauer entlang bis wir unser Etappenende, den *„Katharinenturm"* erreichen.

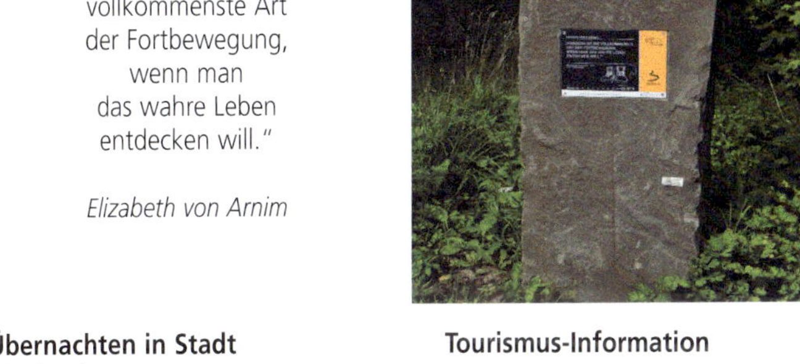

„Wandern ist die
vollkommenste Art
der Fortbewegung,
wenn man
das wahre Leben
entdecken will."

Elizabeth von Arnim

Übernachten in Stadt Blankenberg

- ca. 100 m ➤ Hotel Restaurant Von Landsberg
  Mechtildisstraße 16
  53773 Hennef-Stadt Blankenberg
  Tel.: 02248-9097676
  www.von-landsberg.com

- ca. 130 m ➤ Galerie Hotel Stadt Blankenberg
  Mechtildisstraße 13
  53773 Hennef-Stadt Blankenberg
  Tel.: 02248-92072
  www.galeriehotel.eu

Taxi

- Taxi Stern Hennef, Tel.: 02242-3088

* Zertifizierter Gastgeber Bergisches Wanderland

Tourismus-Information

- Tourismus-Information der Stadt Hennef
  Frankfurter Straße 97
  53773 Hennef
  Tel.: 02242-19433
  www.tourismus-hennef.de
  www.stadt-blankenberg.de

Sehenswertes

- Burgruine Blankenberg
  53773 Hennef-Stadt Blankenberg

- Turmmuseum im Katharinentor
  Platz am Katharinenturm
  53773 Hennef-Stadt Blankenberg
  www.stadt-blankenberg.de

- Weinbaumuseum
  Renteigasse 6
  53773 Hennef-Stadt Blankenberg
  www.stadt-blankenberg.de

- Pfarrkirche St. Katharina

13. Etappe: Stadt Blankenberg – Oberpleis (18,7 km; 6 Std.)

Vom mittelalterlichen Turm der Stadtmauer über einsame Täler und Wälder, dabei das Siebengebirge immer im Blick

Ausgangspunkt: *Platz am Katharinenturm*, Stadt Blankenberg.

Anfahrt: Eingabe für das Navigationsgerät: *Platz am Katharinenturm, 53773 Stadt Blankenberg*. Parkplätze ausreichend vorhanden.
Oder mit dem ÖPNV bis Haltestelle „Blankenberg" und dann über den Zuweg zum Etappenbeginn.

Charakter: leicht, überwiegend auf breiten Feld- und Waldwegen, ohne nennenswerte Steigungen.

Einkehr: Stadt Blankenberg, Uckerath, Oberpleis.

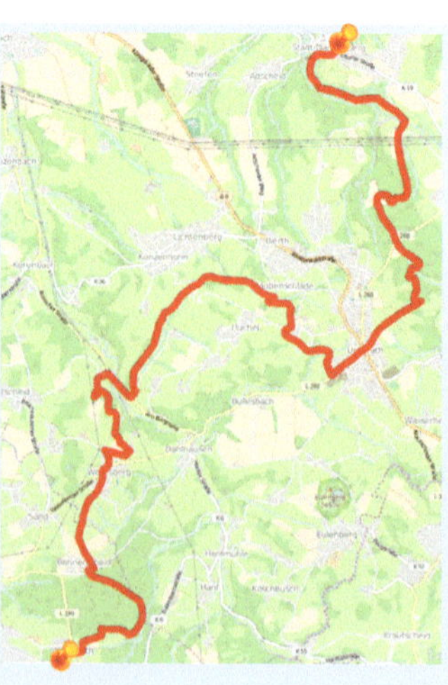

Am Katharinenturm queren wir den Parkplatz, steigen über Treppenstufen an der Stadtmauer nach oben und erblicken bald durch eine Öffnung die schöne *Pfarrkirche St. Katharina*.

Dann steigen wir von der ehemaligen Stadtbefestigung hinunter zur alten Stadtpforte und wenden uns nach links. Kaum zu glauben: Hier wurde bis ins 19. Jahrhundert Wein angebaut!

An einer Bank mit zwei Bäumen biegen wir rechts ab: Der Pfad führt uns leicht bergab ins *Ahrenbachtal* hinein. Wir betreten den Wald; neben uns plätschert ein Bach. An einer Gabelung ist nur schwer zu erkennen, wo es langgeht. Das Schild am Baum ist zwar noch da, aber nicht mehr gut zu lesen. Wir müssen hier links den Berg hinauf und bleiben dann für längere Zeit auf diesem Weg, bergab, bergauf, im Wald, am Waldrand. Abzweigende Wege beachten wir nicht, bis wir auf eine Straße treffen, die von links oben kommt. Dieser folgen wir rechts den Berg hinab bis zu einer Kreuzung mit Wegekreuz. Aufgepasst! Hier kann man sich leicht verlaufen! Wir müssen geradeaus weitergehen. Auch an einer Kreuzung vor einem Haus bleiben

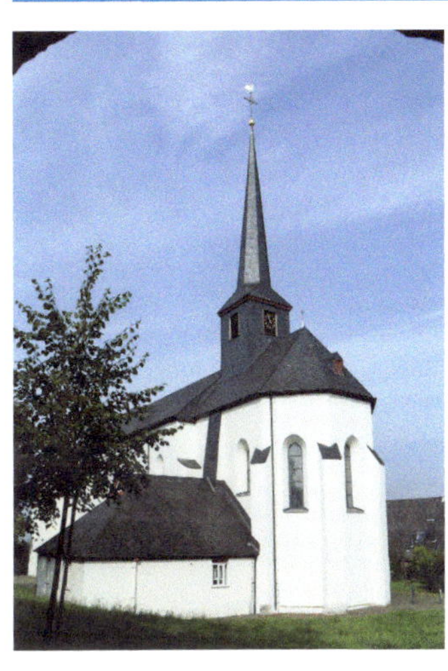

Durch eine Öffnung in der Stadtmauer erblicken wir die weiße Pfarrkirche St. Katharina.

wir geradeaus und wandern auf einem schönen Weg an Wiesen und Feldern unter *Hochspannungsmasten* hindurch auf einen Wald zu. Wir betreten ihn und wandern einem Etappenschild des Bergischen Weges entsprechend geradeaus weiter Richtung *Oberpleis* (18,2 km). (Hier kann man Richtung *Süchterscheid*, 800 m, einen Zuweg wählen.) Den Waldrand erreichend stoßen wir auf einen Querweg und halten uns links. Wir wandern an Wald und Wiese entlang, rechts oder links abknickende Wege ignorieren wir, bis wir an eine Landstraße kommen, die wir überqueren und geradeaus in den Wald hineingehen.

Der breite Waldweg trifft auf einen querenden Weg: Wir wenden uns nach rechts und direkt danach an einer Gabelung erneut nach rechts. Wir verlassen den Wald und wandern an einem Querweg auf einer asphaltierten Straße nach rechts den Berg hinauf. Bis *Oberpleis* sind es noch 16,1 km.Von hier aus hat man einen schönen Ausblick ins Bergische Land. Wir laufen auf den Ort *Uckerath* zu, (ohne abzweigende Wege zu beachten,) erreichen den Ort und gehen die Straße *Am Heidgeshof* entlang, bis wir die *Westerwaldstraße* erreichen und diese überqueren. Geradeaus wandern wir die *Lichtstraße* entlang, passieren die *Pfarrkirche St. Johannes der Täufer* und biegen kurz vor dem Friedhof rechts in den *Kölzweg* ein. Zwischen Häusern führt uns bald ein Wiesenweg bergab bis zu einer querenden Straße. Auch hier aufgepasst! Hier ist keine Markierung zu finde: Wir müssen uns

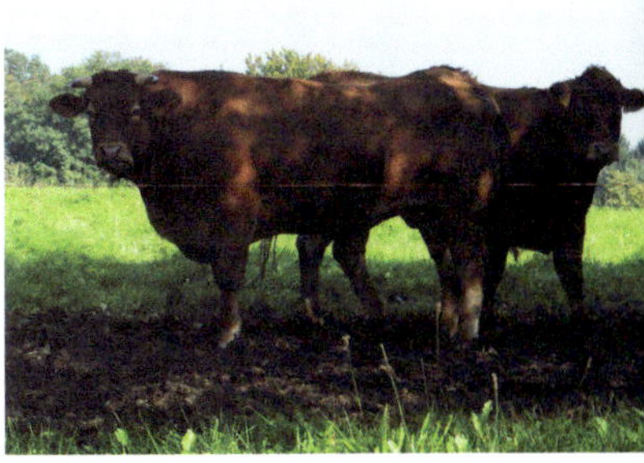

Nicht gerade freundliche Gesellen

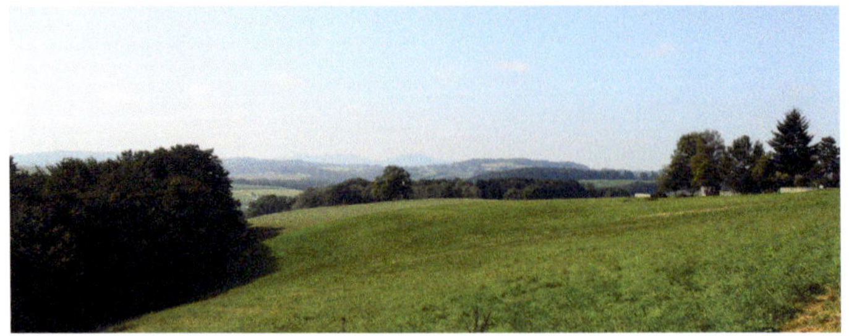

Am Horizont erblicken wir das Siebengebirge.

rechts halten, leicht den Berg hinauf gehen und zunächst durch ein Waldstück hindurch und dann über Wiesen, bis wir die kleine Ortschaft *Hollenbusch* erreichen. Hier können wir bereits die ersten reizvollen Ausblicke ins *Siebengebirge* genießen. Leider sind hier aber auch die Flugzeuge des nahen Köln/Bonner Flughafens sowohl zu sehen als auch zu hören!

Wir gehen auf der gleichnamigen Straße geradeaus am Ortsrand weiter bis wir am Ende von *Hollenbusch* an einer Kreuzung nach rechts abbiegen und dann hinter einem Wegekreuz wiederum nach rechts in die *Ackerstraße* biegen. Wir nehmen die erste Möglichkeit nach links und wandern in die *Daubenschladestraße*. Diese verlassen wir bereits nach ca. 10 Meter wieder und gehen geradeaus auf einem Feldweg weiter, bis wir den Waldrand erreicht haben und uns hier nach links wenden. Leider ist hier keine Markierung zu erkennen! Und auch an einer *Pferdekoppel* ist wiederum unklar, wohin wir uns wenden müssen. Keine Markierung weit und breit. Das ist wirklich ärgerlich! An der Koppel müssen wir uns nach rechts wenden, durchwandern die Talsohle, überqueren einen kleinen Bach, biegen an einem Etappenschild nach links und gehen zwischen Wiesen hindurch. Nach kurzer Zeit zweigt ein Weg nach rechts ab: Wir gehen aber geradeaus weiter und wandern bald am Waldrand entlang, durch Wiesen und Waldstücke. An einer Kreuzung im Wald finden wir ein Etappenschild *(Oberpleis 12,6 km)*, gehen geradeaus weiter; links neben uns rauscht ein Bach. Wir erreichen

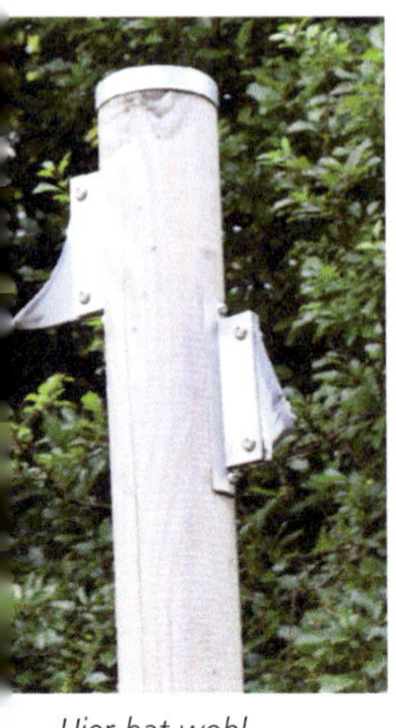

Hier hat wohl jemand etwas gegen Wanderer?

eine asphaltierte Straße, an der wir einen Zuweg nach *Lichtenberg (1 km)* gehen könnten; wir setzen unseren Weg allerdings geradeaus fort, passieren Teiche, gehen weiter geradeaus und ignorieren abzweigende Wege.

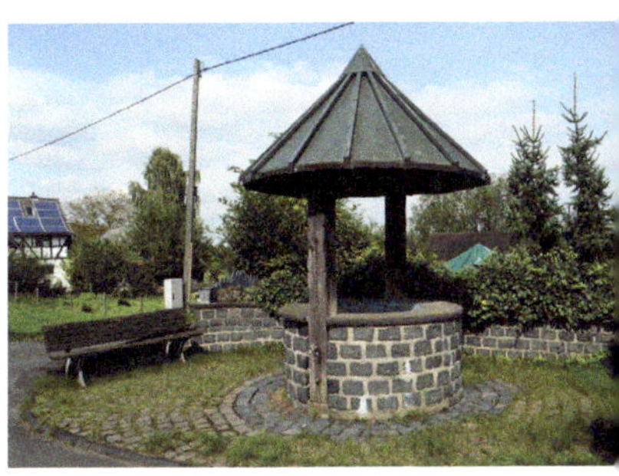

Historischer Brunnen in Brennerscheid

Auch an einem Etappenschild an einer Kreuzung bleiben wir geradeaus auf unserem Weg und gehen nun am Waldrand entlang; links von uns murmelt ein Bach. Unser Weg verläuft recht lange auf einem Schotterweg am Waldrand entlang, bis wir auf eine Straße treffen, der wir nach rechts Richtung *Hermesmühle* folgen. Wir erreichen die Ortschaft, überqueren die Straße und biegen links vor einer Goldschmiede in die *Mühlenbergstraße* ein. An der ersten Möglichkeit biegen wir nach links ab; rechts neben uns pätschert der *Hanfbach*. Der Weg führt uns bergauf bis wir zu einer Weggabelung kommen. Auch hier keine Markierung! An der Gabelung müssen wir die rechte Möglichkeit wählen: Der Weg führt uns nach *Wellersberg*. An einer asphaltierten Straße wenden wir uns nach rechts (wieder keine Beschilderung!) und dann nochmals auf einen Schotterweg nach rechts in die Straße *Auf der Bonsprüng*. An der nächsten Querstraße wenden wir uns nach links *(Oberpleis 8,5 km)* in die *Wiersberger Straße*. Wir erreichen die zweispurige *Wellersberger Straße* und biegen vor der Kapelle *„Unserer lieben Frau von der immerwährenden Hilfe“* links in die Straße *Zur Marienkapelle* ab. An hübschen Fachwerkhäusern vorbei wandern wir die Straße entlang und aus dem Ort hinaus. An einer Kreuzung zwischen Feldern wenden wir uns nach links und erreichen kurz darauf den Ort *Bennerscheid.* An einem historischen Brunnen gehen wir weiter geradeaus bis zur nächsten Straße und biegen Richtung *Oberpleis* (6,9 km) nach rechts ab.

Das *„Schloss Neuglück“* kann man in 100 m erreichen: Ein kurzer Abstecher lohnt sich.

An der nächsten Möglichkeit geht es auf einem Schotterweg links auf einem breiten Forstweg in den Wald hinein. Wir bleiben nun für längere Zeit im Wald, Abzweigungen ignorieren wir, passieren Fischteiche, kommen an den Waldrand und wandern an einer Wiese vorbei. Bald darauf stoßen wir auf einen Querweg, an dem wir auf einen Schotterweg nach links abbiegen. An der nächsten Rechtsabbiegung mit Bank ist die Mar-

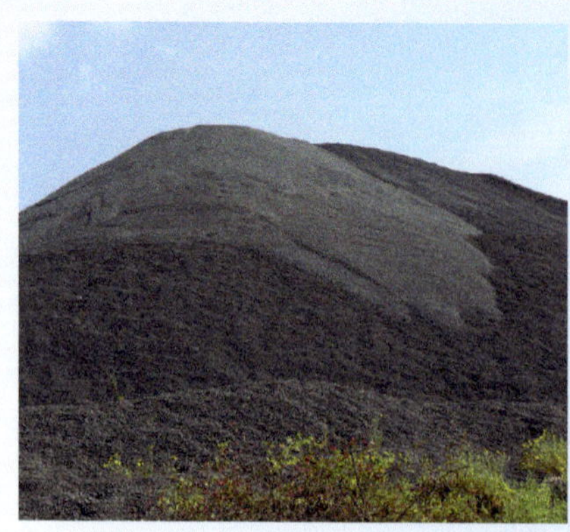

Basaltabbau bei Willmeroth

Bereits seit dem Ende des 19. Jahrhunderts wird am Hühnerberg Basalt abgebaut. Dieser wird zu Pflastersteinen, Uferböschungen, Schotter oder Split weiterverarbeitet. Den Gipfel des Hühnerberges gibt es schon lange nicht mehr. Stattdessen tut sich ein Loch mit einem Durchmesser von 900 m und einer Tiefe von 100 m auf. Aufgrund von Gefahren kann man den Krater leider nicht besichtigen.

kierung so schlecht zu erkennen, daß unklar ist, in welcher Richtung unser Weg verläuft. Wir müssen hier aber nach rechts bis wir einige Häuser und die *Willmerother Straße* erreichen. Diese überqueren wir und gehen geradeaus in die Straße *Zum Büchelsberg*. Wir kommen an einem *Bauernhof* mit Milchwirtschaft und an *Balsaltschotterhalden* vorbei, gehen geradeaus und biegen an einem *Umspannhäuschen* rechts ins Naturschutzgebiet ab.

Wir durchqueren ein Waldstück, erreichen eine Straße, die wir überqueren, um auf der anderen Seite durch den Wald bergab in Richtung *Nonnenberg* zu wandern. Wir bleiben auf dem breiten Waldweg, bis wir zu einer Kreuzung im Wald kommen, an der wir links abbiegen. An der nächsten Kreuzung wenden wir uns nach rechts und wandern bergab. Der Weg kann hier ganz schön matschig sein. Das liegt vermutlich daran, das dies auch ein Reitweg ist. Wir erreichen die ersten Häuser von *Nonnenberg* und die *Nonnenberger Straße*. Der Zuweg nach *Oberpleis* biegt hier nach recht ab *(2,4 km)*. Wir haben unser Etappenende erreicht!

Übernachten in Oberpleis

- ca. 5 km nach Beginn der Etappe
  ➤ Partyhaus
  Hotel Landsknecht
  Westerwaldstraße 184
  53773 Hennef-Uckerath
  Tel.: 02248-91410
  www.hotel-landsknecht.com

- ca. 1,8 km von der Nonnenberger Straße
  ➤ Landgasthaus Zum Ännchen
  Herresbacher Straße 60
  53639 Königswinter-Oberpleis
  Tel.: 02244-81158
  www.landgasthaus-zum-aennchen.de

- ca. 2,6 km von der Nonnenberger Straße
  ➤ Hotel Garni „Ölberg"
  Gustav-Freytag-Straße 1
  53639 Königswinter-Oberpleis
  Tel.: 02244-81727
  www.hotel-oelberg.de

Taxi

- Taxi Schneider, Tel.: 02244-901650

Tourismus-Information

- Tourismus-Information Siebengebirge
  Drachenfelsstr. 51
  53639 Königswinter
  Tel.: 02223-917711
  info@siebengebirge.com

14. Etappe: Oberpleis – Drachenfels (12,7 km; 4,5 Std.)

Ausgangspunkt: Oberpleis Busbahnhof oder Nonnenberger Straße in Nonnenberg

Anfahrt: Eingabe für's Navi: *Nonnenberger Straße* in *Königswinter*. Parkmöglichkeiten im Hüscheider Weg.
Oder mit dem ÖPNV bis Haltestelle *Oberpleis Busbahnhof*, dann über den Zuweg zum Etappenbeginn.

Charakter: leicht.

Einkehr: Oberpleis, Ittenbach, Gasthaus Löwenburger Hof, Gipfel des Drachenfels, Königswinter.

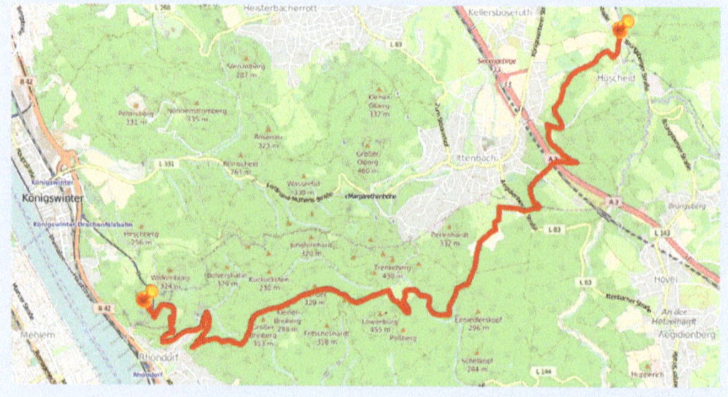

Die letzte Etappe des Bergischen Weges beginnen wir entweder am *Bahnhof Oberpleis* und wandern über den Zuweg bis zur *Nonnenberger Straße* in *Nonnenberg* oder wir setzen unsere Wanderung direkt an dieser Straße fort.

Nachdem wir die *Nonnenberger Straße* überquert haben, gehen wir geradeaus in den *Hüscheider Weg*. Wir wandern an Häusern entlang und verlassen bald den Weiler *Nonnenberg*. Wir wandern den Berg hinauf bis wir hinter einem Haus an einer Kreuzung rechts abbiegen und kurz darauf einen *Teich* passieren. Der Weg bringt uns rasch zum Waldrand, den wir zunächst entlanggehen. Wir kommen an zwei Teichen vorbei und bleiben geradeaus bis wir zu einer Gabelung gelangen. Hier wenden wir uns den Hinweisschildern entsprechend *(Drachenfels 11,2 km)* nach links. Unser Weg verläuft nun eine ganze Weile in Waldrandnähe und steigt leicht an bis wir eine asphaltierte Straße erreichen. Wir folgen der Straße nach rechts bis zum Ort *Ittenbach*. Leider rauscht hier nicht beschaulich das Laub der Bäume, sondern die *Autobahn A3*, die wir später noch queren werden. Hinter dem Ortseingangsschild von *Ittenbach* biegen wir nach links ab. Hier befindet sich ein Wanderparkplatz. Auf einem Schotterweg passieren wir eine Schranke und wandern parallel zur Autobahn, die rechts neben uns verläuft. Wir biegen scharf nach rechts ab und unterqueren bald darauf die *Autobahn A 3*.

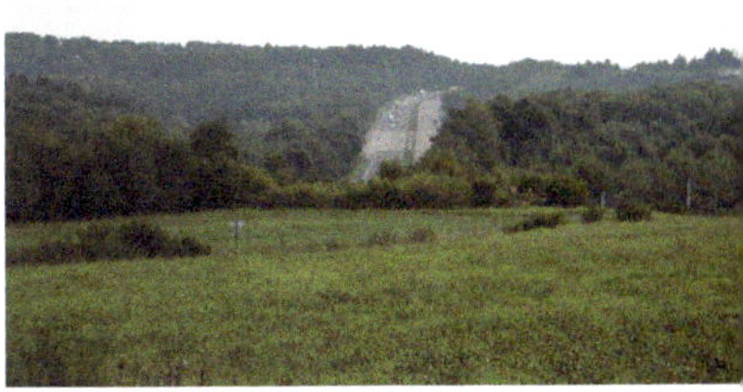

Die Autobahn A3 frisst sich durch die Landschaft.

Auf der anderen Seite der Unterführung setzt sich unser Weg auf einem asphaltierten Weg leicht bergauf fort. Wir kommen abermals zu einer Schranke und wandern weiter bis wir einen Wanderparkplatz erreichen. Es geht geradeaus weiter am *„Soldatenfriedhof Ittenbach“* vorbei. Wer möchte, kann hier eine kleine Rast einlegen und die imposante Kriegsgräberstätte besichtigen.

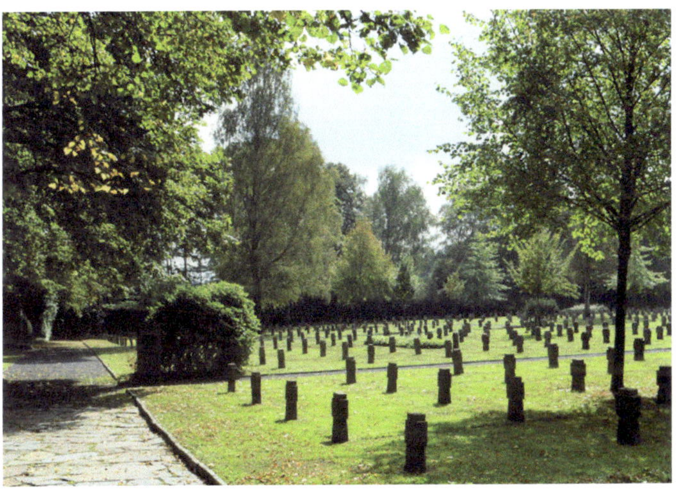

Kriegsgräberstätte Ittenbach: Hier ruhen 1178 Soldaten des Zweiten Weltkrieges.

Das ***Siebengebirge*** hat seinen Namen von seinen bekannten sieben Bergen, die beim Anblick vor allem von der Kölner Bucht aus hervortreten. Als diese berühmten Sieben gelten: Ölberg (460 m), Löwenburg (455 m), Lohrberg (432 m), Nonnenstromberg (335 m), Petersberg (336 m), Wolkenburg (324 m) und Drachenfels (321 m).

Wir gehen auf einem Waldweg am Eingang der Kriegsgräberstätte vorbei; unser breiter Waldweg wird bald schmaler und bringt uns in den Wald hinein. Wir stoßen auf einen querenden Weg, dem wir nach links folgen. Diesen breiten Weg wandern wir immer geradeaus weiter, Abzweige lassen wir links und rechts liegen, bis wir zu einer Landstraße kommen. Diese überqueren wir und wandern geradeaus weiter. Unser Weg führt uns über Koppeln und Wiesen leicht bergan. An der nächsten Möglichkeit biegen wir links ab (der Zuweg nach *Ittenbach* verläuft geradeaus). Wir laufen auf einem breiten Feldweg durch Wiesen hindurch weiter. An einer Kreuzung inmitten der Wiesen und Felder biegen wir nach rechts ab. An Pferdekoppeln entlang geht es in einen Buchenwald hinein. Unser Weg führt uns bergauf bis wir zu einem querenden Weg kommen, dem wir zunächst nach rechts und direkt danach nach links folgen. Es geht nun hinauf zu den Gipfeln des Siebengebirges!

Oben angekommen wandern wir auf einem breiten Weg durch den Wald bis zu einer *Wehrhütte* und der *Frühmesseiche*. Dieser imposante Baum – hier wurden dem Namen nach Messen mitten im Wald gefeiert – liegt an einer Kreuzung mit sechs verschiedenen Abzweigungsmöglichkeiten: Wir wählen die dritte Möglichkeit nach rechts.

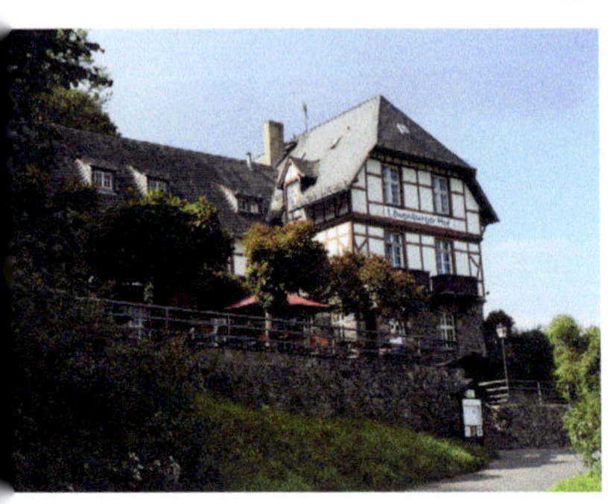

Der Gasthof „Löwenburger Hof" mit Biergarten und toller Aussicht

Dieser Weg führt uns auf einem breiten Waldweg weiter durch den Wald bis wir zu einem von links unten zu uns stoßenden Weg kommen. Hier müssen wir geradeaus gehen, auch wenn die Markierung auf dem Baum uns fälschlicherweise nach rechts weist! Unser Weg verläuft durch schönen Wald, streckenweise plätschert ein Bach neben uns, bis wir aus dem Wald heraustreten und den *„Löwenburger Hof"* links vor uns erblicken. Durch Streuobstwiesen hindurch verläuft

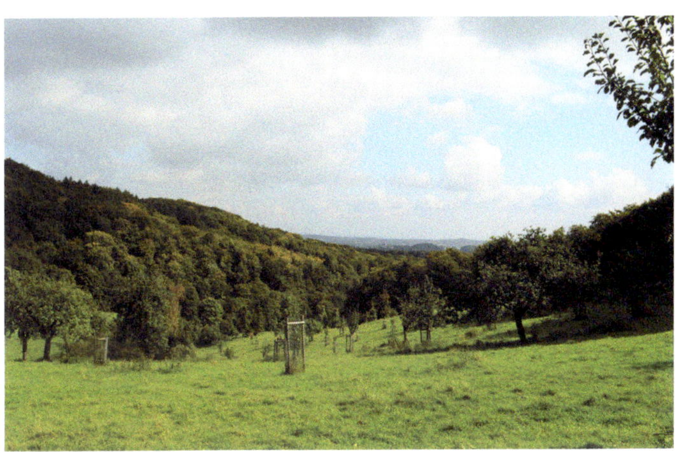

Wunderschöne Aussicht ins entfernte Bergische Land

unser Weg in Schleifen immer bergauf, bis wir den *„Löwenburger Hof“* erreichen. An einer Infotafel mit Bänken wenden wir uns nach links.

Wer Lust hat auf einen Abstecher auf den Gipfel des Berges *„Löwenburg“* mit der gleichnamigen Burgruine, kann dies nach einem 15-minütigen Aufstieg erleben.

Wir wandern auf dem asphaltierten Weg weiter bis wir an eine Gabelung kommen, an der wir rechts abbiegen und auf dem breiten Schotterweg weiter durch den Wald gehen, bis wir vor einer Bank nach rechts auf einen schmalen Weg bergab abbiegen. Unser Weg verläuft nun recht steil den Berg hinab, bis er sich gabelt und wir die rechte Möglichkeit wählen. Wir passieren die *„Breiberghütte“* und wandern auf dem schmalen Weg durch den Wald weiter. Einen von rechts kommenden Weg beachten wir nicht; 10 Meter weiter wählen wir dann jedoch den rechten Abzweig, der uns leicht bergab führt. Wir erreichen einen Querweg mit einer Schutzhütte inklusive Bank und gehen geradeaus weiter durch den Wald. Wenn man rechts durch die Bäume schaut, kann man schon den *Drachenfels*, unser Etappenende, erahnen! Wir treffen auf einen Querweg, dem wir nach rechts folgen und dann geradeaus weitergehen. Nach einer Weile wandern wir ein Stück bergab und treffen auf eine Kreuzung, an der der *„Rhöndorfer Waldfriedhof“* liegt.

Wir wandern am Friedhof vorbei, bis wir an eine Schranke gelangen.

Über die asphaltierte *Löwenburgstraße* geht es weiter bis wir rechts auf einer kleinen Brücke einen Bach überqueren *(Drachenfels 1,8 km)* und uns für den Anstieg zum *Drachenfels* bereit machen. Uns begegnen hier auch immer wieder die Schilder des *Rheinsteig-Wanderweges*. An einer Info-Tafel genießen wir einen unglaublich schönen Blick auf den *Rhein* und auf *Rhöndorf*, dem Wohnort des ehemaligen Bundeskanzlers Konrad Adenauer. Unser Weg gabelt sich: Wir wählen die rechte Möglichkeit. Über Treppen gelangen wir zum *„Ulanendenkmal"*, das an die Gefallenen des Ulanen-Regiments des 1. Weltkrieges erinnert.

Wir gehen rechts am Denkmal vorbei und weiter den Berg hinauf. Bald überqueren wir einen asphaltierten Weg, gehen geradeaus weiter, umrunden eine Schranke und wandern weiter den Berg hinauf bis wir einen querenden Weg erreichen. Diesem folgen wir nach links weiter durch den Wald, immer in Richtung Drachenfels. An der *„Dr. Horster-Hütte"* biegen wir links ab. In Kehren geht es immer weiter den Berg hinauf, jetzt kann es nicht mehr weit sein! Von einem *Aussichtspunkt*, der *„Siegfriedskanzel"*, hat man einen hinreißenden Ausblick auf das *Rheintal*.

Nachdem wir die letzten Meter über Stufen zurückgelegt haben, sind wir endlich auf dem *Drachenfels*, unserem Etappenziel, und damit am Ende des *Bergischen Weges* angelangt!

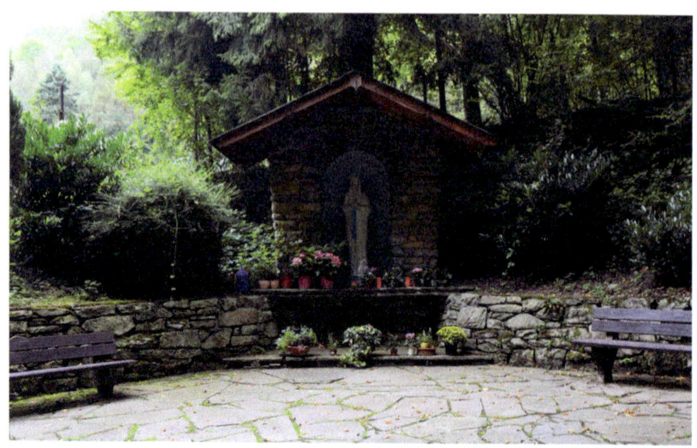

Rhöndorfer Waldfriedhof: Hier kann man die letzte Ruhestätte des ersten Bundeskanzlers Konrad Adenauer besuchen. Schilder weisen den Weg zur Grabstätte.

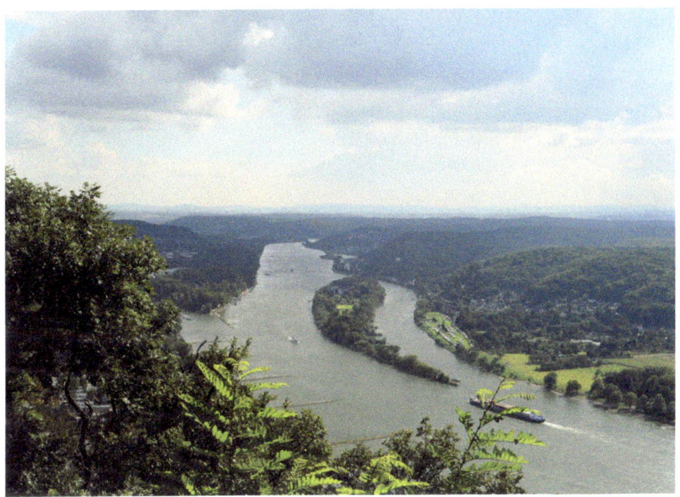

Atemberaubender Blick auf das Rheintal

Hier können Sie sich nun kulinarisch im Restaurant verwöhnen lassen und – falls Sie keine Lust mehr haben, den Weg bis nach *Königswinter* zu Fuß zurückzulegen – bequem mit der *Zahnradbahn* hinunter ins Tal fahren.

Sie können wahrlich stolz auf sich sein – schließlich sind 262 km quer durch das Bergische Land kein Pappenstiel! Klopfen Sie sich ruhig auf die Schulter!

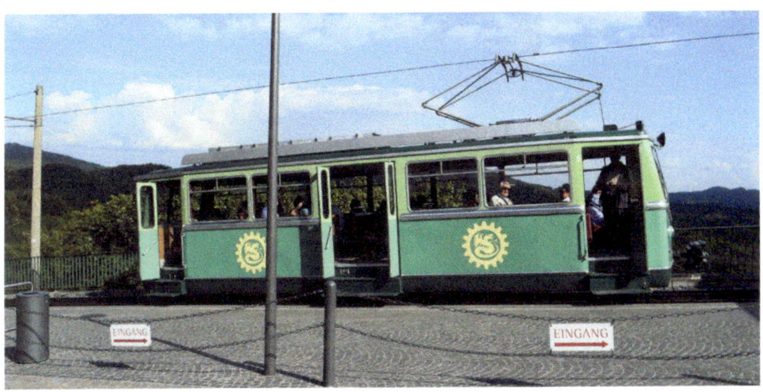

Die Zahnradbahn bringt seit 1883 Besucher auf den Drachenfels.

Übernachten

- ca. 500 m ab Talstation Drachenfelsbahn
  ➤ Hotel Krone
  Hauptstr. 374
  53639 Königswinter Tel.: 02223-9250
  www.hotelloreley.de

- ca. 600 m ab Talstation Drachenfelsbahn
  ➤ Maritim Hotel Königswinter
  Rheinallee 3
  53639 Königswinter
  Tel.: 02223-7070 www.maritim.de

Taxi

- Taxi Krahe, Tel.: 02223-4696

- City Car, Tel.: 02223-906024

Tourismus-Information

- Tourismus-Information Siebengebirge
  Drachenfelsstraße 51
  53639 Königswinter
  Tel.: 02223-917711
  www.siebengebirge.com

- Fremdenverkehrsamt Königswinter
  Drachenfelsstraße 9
  53639 Königswinter
  Tel.: 02244-8890
  www.koenigswinter.de

Sehenswertes

- Schloss Drachenburg mit Naturschutzmuseum
  Drachenfelsstraße 118
  53639 Königswinter
  Tel.: 02223-901970 oder 02223-700570
  www.naturschutzgeschichte.de
  www.schloss-drachenburg.de

- Siebengebirgsmuseum der Stadt Königswinter
  Kellerstraße 16
  53639 Königswinter
  Tel.: 02223-3703
  78www.siebengebirgsmuseum.de

Ortsregister

2. überarbeitete Auflage 2025

Umschlaggestaltung: Kerstin Wessels, Köln
Layout und Satz: Fabian Sulzer, Witten
Umschlagfotografie: Holger Hage für "Das Bergische"
Sämtliche Fotografien im Innenteil © Andrea Wilde, außer
S. 4: © Antonia Wilde
Kartendaten S. 16, 21, 27, 34, 42, 51, 59, 64, 71 © www.auf-Karte.de CC BY 4.0
Kartendaten S. 78, 83, 91, 98, 104 © OpenStreetMap-Mitwirkende
Wege-Eintragungen auf den Karten: Immanuel Sulzer

Printed in Poland

ISBN 9783936405941

Wichtiger Hinweis:
Das vorliegende Buch ist sorgfältig erarbeitet worden. Dennoch erfolgen alle Angaben ohne Gewähr. Weder Autoren noch Verlag können für eventuelle Nachteile oder Schäden, die aus den in dem Buch gegebenen praktischen Hinweisen resultieren, eine Haftung übernehmen.